I

解説

『教育修身研究』解説・総目次

一九三一（昭和六）年六月〜一九四四（昭和一九）年三月

解説　竹中暉雄

不二出版

自己矛盾に苦悩した「文検」受験雑誌

竹中暉雄

『教育修身研究』は、戦前国家試験の一つ「文検」の受験雑誌である。けれどもその内容は極めて特異で、単なる受験雑誌のイメージでは捉えきれなかった。というのは、国家試験とは国家の意向を受けその強い統制の下に実施されるものであるが、同誌は当時の国家の状況に〈抵抗〉する内容も含んでいたからである。そのことは「文検受験」という目的と齟齬してしまう。したがって同誌の編集人たちは、絶えず深刻な自己矛盾に悩まざるをえなかった。

一

「文検」とは、中等学校の教員免許資格試験「文部省師範学校中学校高等女学校教員検定試験」の略称である。一八八五（明治一八）年から一九四三（昭和一八）年まで、五九年間にわたり通算七八回実施された〈戦後にも戦前の予備試験合格者に対し本試験を三回実施〉。

戦前の小学校教員は師範学校で、中等学校教員は高等師範学校で養成されたというのは、間違いではないが極めて不正確である。それらの学校だけで必要教員数を充足させることはおよそ不可能だったからである。したがって代用教員（小学校）や無資格の中等教員も多かった。そこで有資格教員を少しでも多くつくるために、「試験検定」「無試験検定」という二種類の検定制度が存在した（ともに学力・品行・身体を検定）。小学校教員の検定は道府県が、中等学校教員のそれは文部省が実施したが、後者のうちの試験検定が「文検」であり、一九〇八年「教員検定ニ関スル規程」では二三学科目があった。他方

表1　中等学校教員の資格別内訳（文部省年報による）

年度	文検	高師・無試験	無資格	教員総数
1905（明治38）年	2,206（28.6%）	2,845（36.9%）	2,667（34.6%）	7,718
1923（大正12）年	4,503（20.7%）	10,860（50.0%）	6,415（29.5%）	21,778
1936（昭和11）年	4,082（12.5%）	25,457（77.7%）	3,221（9.8%）	32,760
1939（昭和14）年	4,189（11.9%）	28,114（79.5%）	3,044（8.6%）	35,347

の無試験検定は主として特定の官立学校や公私立学校の卒業者を対象に、学校生活を通じいわば〈間接的〉に行なわれた。

文検と無試験検定の合格率には大きな差がある。実施年や学科目によって違いがあるので単純に比較できないが、無試験ではだいたい八〇～九〇％だったのに対し、文検ではわずか一〇％前後であった。それでも文検受験者は毎年四千人から九千人あり、多い時には一万人を超えた。

中等学校在職教員のうち、文検合格者、高等師範卒および無試験合格者、無資格者の数（割合）は表1の通りである。

教員の適格性がただ一度の試験で判定できるのか、師範学校・高等師範などの卒業者をさらに検定すべきで、現行の文検は廃止せよといった意見がありながら（貴族院議員・沢柳政太郎）、文検が廃止されることはついになかった。それは有資格教員の不足という現実があったからである[2]。幼少期に教員を志望したとしても、家庭事情のため師範学校への進学、ましてや高等師範や大学など許されない若者が多く、文検はそうした若者の夢を実現するための唯一の、しかも「実に困難な道」であった[3]。

何よりも彼らには仕事があった。多くは小学校教員であったが、同僚の偏見や誤解を招かないよう校内での準備は避け、教員としての仕事に全力を傾けた。したがって受験準備は、通勤途中や帰宅後、そして早朝にならざるをえない。ある経験者の回想――早朝、火の気の無い机での勉強は非常に苦しかったが、私を「刺戟」したのは「四時前氷を破つて朝の用意をし、所定の時間に霜を踏んで毎日出勤する」製糸工場の女工たちであった。

文検では一度の筆記試験で、公民科なら公民教育・公民倫理・公法・私法・経済学、歴史なら日本史・東洋史・西洋史というように、複数分野の出題に対応する必要があり、しかも本科目以外に「教育ノ大意」（一九〇九年から。教育受験者免除）や「国民道徳要領」（一九一六年から。修身受験者免除）も課される。さらに日常生活から離れて、予試は地方庁、本試は東京での受験で

—6—

ある。著名な権威者による口述試験もあるので、受験生の心理的緊張度は、無試験検定のそれとは比較にならなかった。

彼らは同僚に気づかれないように受験勉強をしたが、やがて他に知られる時がくる。そのとき校長から、「受かるものではない」と言われた者もいた。予試そして本試受験のため、休暇願

を提出しなければならないからである。そのとき校長から、「受かるものではない」と言われた者もいた。予試そして本試受験のため、休暇願

そうした受験生を勇気づけ「苦しさから離脱したがる心に鞭打って」くれた存在、他方で「私の将来を約束してくれる光

明」「準備を高能率化するこの上ない良書」「合格の近道」そして「心の燈火」として歓迎され、「こんな親切な文検指導雑誌」

があったのかと「貪り読」まれた月刊誌。それが『教育修身研究』であった。

二

『教育修身研究』は、一九三一（昭和六）年四月、学年別教育雑誌などの刊行で有名だった日本教育学会（佐藤武）によっ

て創刊された。佐藤は算術教育の権威でもあり、文検・教育の合格者（一九一六年）である。当時、文検情報を提供する雑

誌には『教育学術界』『内外教育評論』などがあり、さらに『文検世界』（一九一五年創刊）『文検受験生』（一九二九年創刊）

という文検専門雑誌も存在していたが、文検のうち教育と修身に特化して生まれたのが『教育修身研究』である。

一九三四年一月、佐藤武に請われて島為男（一九一八年修身、二〇年教育合格）が顧問となった。島は佐藤と大分師範学校

で同学年だった。同じ三四年、富田義雄（一九二八年教育、三〇年修身、四一年高等学校教員検定合格）および平良恵路（一九

二八年教育合格）が編集部に加わった。また一九三五年には、「創刊号以来の愛読者」だった岡野直（一九三二年修身、三四

年公民科、三五年教育合格）が公民科主任に招かれた。

一九三七年一月号からは島為男（精神文化学会）が同誌の発行を引き継ぎ、三月には勤めていた成城学校を辞める。しか

し富田・平良・岡野は、小学校訓導を続けながら同誌の編集に携わっていた。

文検雑誌として後発の『教育修身研究』は、文検に関する情報や合格体験記など以外に、特色ある内容で編集された。ま

ずは予想問題による模擬試験の実施と添削であり、優秀答案は同誌に掲載された。――同誌に答案が掲載されたことが「ど

んなに私の自信になつたことだろう」「そのよろこびは当人でなければわからない」。また受験準備に不可欠な、出題委員に

表2　座談会参加者数（実施日は受験科目により異なる）

	教育	修身	公民科	その他	計
1934年	9	11	0	0	20
1935年	7	8	0	1	16
1936年	9	9	0	0	18
1937年	6	18	6	1	31
1938年	16	28	2	2	48
1939年	15	35	7	7	64
1940年	32	44	21	0	97
1941年	34	36	22	0	92
1942年	38	45	29	0	112
1943年	0	34	5	0	39

＊「その他」とは、旧愛読者、過年度合格者、「口述」終了後の訪問者など。
　なお1943年文検の教育・公民科は、42年予試合格者の本試のみ実施。

関する詳細な研究が特集記事となった。模擬試験の添削指導もそうであるが、編集者たちに相当の実力がないとできない企画である。

同誌の購読者たちは相互に、また編集者との間で交流したが、それは誌上においてだけではなかった。本試験終了後などに、交流座談会が島宅（東京市杉並区永福町）で開かれていた。

――永福町での反省会も私の脳裏に刻まれ一生忘れがたい思い出となっている。同じ道を歩む同志にも逢え共に語りあった。ご夫妻の温かいおもてなしをいただき感謝。厳しい物資統制下、奥様のご苦心は大変だったであろう。先生はじめ受験者の話を聞いて感激するとともに、その実力に圧倒され自信を失ったが、それだけに合格の喜びは大きかった。全体の進行は島先生、助言指導は富田・平良先生。「単なる文検的な勉強を超えた研究の態度」を教えられた。『教育修身研究』は全国的な切磋琢磨の場所であり、永福町は演習の中心地であった――（諸回想から）。

この座談会の参加者数は**表2**の通りで、樺太、北海道から沖縄、台湾、さらに朝鮮、満洲、旅順、撫順、大連などから集まっていた。予試・本試の合格電報も、購読者に大きな感謝の念を生み出した。

帰郷後、島先生から合格の知らせ。欣喜雀躍「県立図書館へ走って穴のあくほど官報を見たこと」今でもはっきり覚えている。

一九四四（昭和一九）年二・三月合併号で同誌が休刊となったとき、「此情勢下」に同誌の「解体を座視、なすところな

きは同志数千の為に忍び得ざるところである」（趣意書）として、のちの「永福同学の会」が結成された。敗戦混乱期のため、

第一回全国大会が開催されたのは実に三〇年後の一九七四年だったが、それでも二二二名の参加があり、第二回（一九七六

年）の名簿には二五四名の氏名がある。そして第一〇回大会を記念して『膚に刻んだ教育五十年史』（後述）が刊行された。

　　　三

　以上のように『教育修身研究』は、長年にわたり多くの読者から支持・感謝され続けていた。にもかかわらず島為男によ

れば、この事業は「自らを欺き、真理を隠蔽し、人々を思想的に謬らせ」「昏迷」に陥れる以外の何物でもなかったという。

そのため彼は絶えず「良心の呵責」に悩まされ続けた。

　それはどうしてなのか。

　同誌が創刊された一九三一（昭和六）年四月の五か月後に満洲事変が起こると、軍国主義・愛国主義が煽られ、同時に思

想統制が強化されていく。一九三三年には、「新興教育」関係教員等の一斉検挙（二月開始）、文部省による京都帝大滝川教

授休職処分（五月）、文部省編『非常時と国民の覚悟』（六月）の学校・社会教育団体への配布などが進行する。一九三七（昭

和一二）年七月盧溝橋事件で日中戦争が本格化し、翌三八年四月「国家総動員法」が公布され、一九四一年十二月に太平洋

戦争に突入すると、国家による管理・統制はさらに激しくなる一方であった。

　こうした「時局化」は当然、国家試験である文検、とりわけその性格上、修身や公民科に大きな影響を与えざるをえない。

一九三七年末の修身（本試）では、六問中三問が「国民道徳」に関係し、うち一問は「国民道徳上より自由主義を批判せよ」

であった。

　それまでの法制及経済に代わって「道義ニ帰結セシムルヲ旨トス」（一九三一年一月文部省訓令）として新設された公民科

では、一九三八年以降、「時勢の進運と国民道徳」（三八年本試）「支那事変」（三九年本試）「皇道精神」（三九年本試）「祭祀

の国民道徳上の意義」（四一年予試）「戦時と公民教育」（四二年本試）「神道の倫理」（四二年本試）「統帥大権」（四三年本試）

といった、時局的設問が増加していった。

受験雑誌としては当然、この傾向に対応できるように予想問題を考え、そして模擬試験答案や座談会で指導内容を変えていかざるをえない。一九三八年二月号で島は、前記修身設問「国民道徳上より自由主義を批判せよ」について以下のように指導している。⑥

これほど「時代の要望」を意識した出題は初めてである。単に説明するだけでなく、求められた「規範性」に合う答案を書かねばならない。従来の自由主義・個人主義・デモクラシーは「不穏思想の苗床温床」として「根本的撲滅」する必要があると、このように「答案は書かれねばならぬ」。

そして例の永福町座談会においても、同設問は次のように指導された。

「それではデモクラシーを国民道徳上から是認された訳ですね。〈中略〉出題者の意図にそはない」（平良）「現在思想界に於てファッシヨ的色彩が濃厚になつて自由主義といふものが攻撃されてゐる。さうした社会状勢を背景として此の問題を眺めることが先づ出題者の意図にかなつたものではないか」（富田）（一九三八年二月号）。

さらにまた同誌模試「教育の本質を論ぜよ」のある答案に対しては、「教育理想を皇運扶翼に置くことが急務。この点に説き及ばないのは甚だ遺憾」と講評された（平良、三八年三月号）。

四

ところが、このような時局的指導を行なっていた島為男は、「プロレット・カルト」とは「無産階級の眠りをさます注射薬である」と論じるイギリス人ポール夫妻の紹介書を既に出版していた。『階級文化と教育の革命』（モナス、一九二四年）

がそれで、大分師範在学中の教師・長田新の依頼による。島はこの仕事をするなかで、「教育とは文化革命の負担者でなければならない」と考えるようになる。そして当時の新教育諸学校は方法の新しさのみ重視するが目的・内容の批判的研究こそが重要で、それらは「時代おくれのブルジョア・リベラリズム」であるとの意識に達していた。

また代用教員・師範学校時代からベルグソン哲学に接してきた島は、「児童は自らを生きることを通して教育せらる」と考え、教育を主知主義・系統主義から体験的・自然具体的な合科学習へと解放することを志向していた。そして『ベルグソン哲学と現代教育』(大同館書店、一九二六年)がまとめられる。

しかし「文検受験」という冠を頂く『教育修身研究』は、一人でも多くの合格者を出さなくては存在意義がない。そのため同誌の模試問題も時局化していかざるをえない。「我が国民教育の理想を論ぜよ」(一九三八年八月号)「自由教育論を批判せよ」(三九年六月号)「神武天皇建国の詔勅(八紘一宇)を国民道徳上より考察せよ」(三八年四月号)「時局に鑑みて徳育上留意すべき諸点をあげよ」(三八年八月号)「民主主義を批判せよ」(三九年一二月号)「日本民族の優秀性について所見を述べよ」(四一年八月号)。

文検への統制が強くなればなるほど、文部省が定めた「教授要目」が厳格に守られるはずなので、出題の予想は立てやすくなる。島によれば、とくに修身・公民科などは「問題の大半は予想の網にかかった」し、一九四〇年四一年は「十二問題中、七、八問題を適確に予想し、それを練習問題」にしたという。『文検の一年通過受験法』(モナス、一九二八年)でその名を知られていた島が同誌の顧問に就任して以後、読者は次第に増加し、やがてそれまでの一五〇〇部では足りなくなり、太平洋戦争突入直後には発行部数は「三千を超えようという景気」になっていた。

ところが読者や合格者が増えていくごとに、島は「良心の呵責」を覚えずにいられなかった。受験雑誌に関係する以前から「凡ては人間から出発しなければならない」との自覚に達していたにもかかわらず、同誌の仕事は「〔自分が「根本的な不信」を抱く〕官学思想の遵奉者たるべく指導」することだったからである。軍人学校の成城学校で修身を担当していたと

き(一九二九年〜三七年)と同様に、「面従腹誹的卑劣漢」であったことを「懺悔」しなければならないとも述べている。しかしここで極めて重要なことは、この「良心の呵責」「懺悔」という言葉が決して戦後になってからの言い訳や取り繕いではなかったことである。不思議なことに島の自叙はまったく触れていないが、実は『教育修身研究』一〇年間の内容に

は、島自らの信念に基づく論説、文検の設問や委員への批判が数多く含まれていた。一方で時局迎合的な指導を行ないながら、他方では時局の圧力に抵抗する。この自己矛盾の二面性こそが、同誌最大の特徴であった。

五

すでに創刊者・佐藤武の時代から、『教育修身研究』は社会主義やソ連の教育論などに強い共感を示していた。例えば一九三三年一〇月臨時増刊号の「現代新教育大観」第五章は「ロシアの新教育」であり、同号附録人名辞典はマルクスについて、「彼の名は革命家として、全世界のプロレタリアートの間に永久に生きてゆくだらう」と紹介している。また国体明徴運動に関わる文部省通達「学校ニ於ケル宗教的情操ノ涵養ニ関スル件」（一九三五年）についても、日本ではすでに「宗教的色彩の濃厚」な教育となっているので、これ以上「知的教育の軽視」が行なわれてはならないと主張していた（富田、一九三五年一一月号）。

同誌の刊行が島為男の手に移って以降も、こうした傾向は継続する。島による最初の論説（一九三七年二月号）は、「倫理的関心」が「高揚」した例として「ファッシズム横行に対する自由主義的反抗」「資本主義的暴虐に脅迫〔される者の〕悲鳴」などを挙げ、その後も国家統制の流れに逆らっていった。伝統的知性の排除は「厳粛なる歴史のハグルマの前進」を忘れている（一九三九年九月号）。いま教育界を「風靡」している「行」「修養」などは、「教養あるもの、世界から葬らなくてはならぬ」（一九四〇年九月号）。「売名偽善の徒」が「時局に便乗」しているが、古来、道を説く者に道を実践する者は少ない（一九四一年六月号）など。

一九三八年五月号から連載が始まった「新倫理学序説」は、「滔々と押し寄せて来るファッシズムの潮流に、民主主義思想の陣営がゆらぎ、とう〳〵自由主義があらゆる方面で血祭にあげられるにいたつた」と書き始めている。前年一二月には山川均・荒畑寒村ら、三八年二月には大内兵衛・美濃部亮吉ら五〇〇人近くが大量検挙されていた（人民戦線事件）。文検の実際の設問が批判されることもあった。

島——こんなもの（一九三六年教育本試「江村北海の教育説を述べよ」）が出されれば私も落第ですね。「もっと、出題者も考へて欲しいと思ふね」

平良——乙竹委員が最近、北海の研究を発表していると思う（一九三二年四月「江村北海の教育思想」『教育学研究』）。

読者——ある受験生が言つてましたよ。これは本を売るためではないかと。

島——新刊書から出題される傾向がある話は、受験者諸君に必要ですね（一九三六年八月号）。

およそ矛盾した設問「我が国民道徳の普遍性を論述せよ」（一九四二年公民科予試）は、次のように論じられた。

受験生——忠孝は人道でもあるとして「特殊即普遍」で立証につとめた。

島——具体的道徳が世界的道徳になることを論証するのは難しいことだ。

平良——こんな問題は分析的にではなく、八紘一宇の大義からはじめたほうがいい（一九四二年六月号）。

文検合格を目指すには、委員の学説研究が重要である。ところが『教育修身研究』の委員研究は単なる学説紹介に留まらず、「修身科委員の学風と風貌」（一九三三年八月号）のように、その批判に及ぶことがしばしば見られた。一九三四年から島や富田・平良が編集に参加すると、踏み込んだ批評はさらに増えていく。

平良によれば、乙竹岩造委員（東京文理科大学教授）の教育目的論は、個人と社会、自然と理性等の対立の弁証法的統一であるが、その主張の「哲学的根拠」は示されず「教授の弁証法は分明でな〔く〕単なる言葉の上での統一」でしかない（一九三四年一月号）。

富田の深作安文（東京帝大教授）評。深作は「国民道徳即人道」であると主張するので、「個人的倫理」も「社会的倫理」「世界的倫理」もすべて「国民道徳の一内容」になってしまう。ところが他方では「国民道徳」は「国家的倫理」であるとも述べているので、論に矛盾がある（一九三四年七月、九月～一二月号）。

吉田熊次（東京帝大教授）は教育学界そして文検界の大御所なので、『教育修身研究』もしばしば取り上げている。平良は

二号にわたる長論評で、吉田の『教育及び教育学の本質』（目黒書店、一九三一年）における矛盾を次のように指摘した。「教育思想の動揺は他の一般思想の動揺と同様、社会的経済的動乱に伴つて変動する」というのに異議はないが、「一度教育の根本概念が確立されると、教育思想は社会的経済的動乱と無関係になる」という議論（当該箇所は緒論二頁）は「その前半と明らかに矛盾している」（一九三四年四月号）。

従来の教育学が批判されている時局下、文検委員が自己の立場を明らかにしてくれないと受験者は非常に困る。とくに「教育科の指導的位置」に君臨する人々の「責任は免れない」。これは一九四一年教育本試の成績概評を書いた吉田熊次に対する注文であった。ケルシェンシュタイナーを読んだ受験生がほとんどいなかったと批判するが、最近の風潮から西洋教育史がいかに「無視」されているか誰でも気づくと（一九四一年一〇月号。ただし文検では予試本試ともほぼ毎回一問は西洋教育史から出題されている）。

さて一九四一年四月の国民学校発足に合わせ、初等教育関係雑誌はすべて国民教育研究所（文部省内）の総合雑誌『日本教育』と学年別『国民教育』に統合された。さらに警視庁検閲課は一般教育雑誌約一五〇種を五分の一に削減することを決める。その結果、『文検世界』『文検受験生』を含め多くの教育雑誌が一九四一年限りで姿を消したが、『教育修身研究』は島による他誌買収努力でなんとか生き残ることができた。このとき島は友人たちへ手紙で、「私は素裸になった」「悲劇の主人公」「いや英雄になつたやうな気もする」と書いている（一九四一年一〇月号。同誌は一九四一年一一月に『教育修身公民研究』と改称し、同時に誌名から「文検受験」という冠を外した。

時局の重圧を受けながら継続された同誌論説の抵抗は、一九四三（昭和一八）年六月号「現代教育理論の通観とその帰趨（一）」がその最後となる。物資統制のため六八頁にまで薄くなったこの大論文は、「日本の科学」「西洋の科学」それぞれの特徴を認めつつ、しかし「日本の科学」にのみ「籠城」し西洋を「無闇」に排撃することを強く批判した。それこそ日本的思惟の「弱点」であり「日本思想の枯渇を拍車する」「好んで自らの認識の途を閉塞し、固陋偏狭となる必要はない」と。これは直接的には国民精神文化研究所の伏見猛弥・紀平正美などへの批判であったが、他方では「偏狭な日本主義者のために攻撃の焦点となつて」いた西田幾多郎[7]への応援歌でもあった。しかし同論説の（二）は、ついに明瞭な方向転換（時局化）を行なう（四三年一〇月号）。

せっかく生き延びた同誌であったが、文検そのものが一九四三年の第七八回で中止されたため、一九四四年の二・三月合併第一六〇号で休刊せざるを得なくなった。「休刊の辞」は戦後の教師たちに期待した。「大日本が、大東亜建設の偉業を完遂し世界和平の来らん時、新世界支配指導の重大任務を負担し得るもの〔は〕吾人三十万教育者」以外にはない。「朝夕思想練磨、我が内界の向上を期せざるべからざる所以なり」と。「内界の向上」だけは、いかなる悪条件の下でも可能なはずだった。

六

このように『教育修身研究』は、極めて〈危険な〉側面も持っていたのである。そのため明らかに印刷段階で削除されたと思われる空白、中断された連載記事、本文にタイトルがない論考など、いろいろ不自然な号も生まれた。その〈危険さ〉は『孟子』の扱いにも潜んでいた。『孟子』を積んで日本にわたる船は神風によってすべて沈没してしまう。この伝説（上田秋成『雨月物語』白峰）が生まれたのは、同書に湯武革命正当論が含まれていたからである。しかし儒教の基本書の一つなので、文検・修身の予試と本試（第一回～第五七回）で一〇回も出題されている。したがって同誌も取り上げざるをえなかったが、その際にはそれなりの配慮が必要だった。ところが配慮のない記事のほうが多く、例えば「仁」や「義」を失った桀や紂が湯王や武王に誅罰されたことを当然とする「放伐」論に、何の注釈も付けられていない（一九三八年六月号、富田「名著解説」）。また「放伐は天命による」ので、「暴虐の君に仕ふることは天命にさからう点において同罪である」との解説もある（三八年一二月号）。

それは「不敬罪」として破裂しかねない危険さであった。無試験検定の特典が一時剥奪された哲学館事件（一九〇二年）は、卒業試験の倫理学答案中にあった「弑逆」の二文字を臨監の文部省視学官が見つけたことが発端となっている。実は島為男自身も一九三九年に何度か、『教育修身研究』の読者であったと称する永福町駐在巡査の訪問をうけ、また自宅を建築した大工や島の故郷にも聞き込みが行なわれていた。一九四〇年には杉並署へ、翌年には警視庁特高へ召喚され、自宅の書斎から地下室まで検分された。外地からも含め多数の参加者があった永福町座談会も、「完全に駐在査公の監視下にあつた」と

購読者たちは、同誌の危険な側面に気づかなかったのだろうか。永福同学の会編『膚に刻んだ教育五十年史』には、七四名の経歴・回顧文が掲載されているが、この点に触れたものは一編もない。天皇機関説の美濃部達吉をはじめ多くの学者への弾圧、国体明徴・国民精神総動員の運動、学校生徒への「思想善導」、北方教育（生活綴方）運動など「赤化」教員検挙の時代状況を考えると、受験勉強に没頭して気づかなかったとは考えられない。そもそも文検合格を願って購入した雑誌に、文検に直接には繋がらない、むしろ受験の邪魔になりそうな内容が含まれていれば、すぐにそれから離れたはずである。他に文検雑誌はいくつもあったのである。

しかしそうしなかったのは、〈死への教育〉の実践を迫られ苦悩する彼らが、日常では覆い隠されている〈危険な〉情報に出会える喜びと、「内界」の教養を豊かにしてくれる「心の燈火」とを、毎号の『教育修身研究』に見出していたからであろう。永福町座談会の出席者たちが、「見る角度の転換」「内容の探求、拡充の方法」「単なる文検的な勉強を超えた研究の態度」を学んだと回想しているのは、このことに関係していたのではないか。そうだとすれば彼らもまた、時代状況への抵抗者だったのである。

七

文検委員の側は、時局の命令に対し全面的服従をしていたのだろうか。確かに設問には時局的色彩の濃いものが増えていった。しかし修身や公民科といった時局の影響を強く受ける科目においてさえ、そうした設問が圧倒的多数となることはなかった。その主たる理由は、設問の項目が委員の専門分野に応じて設定されたからである。公民科では①公民教育②公民倫理③公法④私法⑤経済と、修身では①倫理学概論②西洋倫理学史③日本倫理学史④国民倫理学史⑤東洋倫理学史というように。したがって時局的設問は、公民科なら主に②公民倫理に、修身なら④国民道徳に任せ、他の委員は自己の専門を守ることができた。その結果、時局化した教授要目では規定されながら、文検の設問にならなかった項目が多数生まれたのである。

また一九一六（大正五）年からは附帯科目「国民道徳要領」が新設されていたので、時局的設問はそちらに委ねることが

できたとも言える。けれども教授要目では、学科目それ自体の時局化が要求されていた。修身では、教育勅語、戊申詔書、国民精神作興に関する詔書に「帰趨」することが求められ、国民道徳に対する信念を鞏固にすることが主要目的であった（一九三一年「中学校教授要目」）。したがって教授要目の内容はほとんど天皇制国民道徳に傾き実際生活に関係していなかったのである。

公民科は一九三一（昭和六）年に、従来の法制及経済が専門的知識に傾き実際生活に適切でなかったと批判され、それに代わって新設されている。そこで「道義ニ帰結セシムル」ことが重視され、修身、国語、歴史、地理、実業等と連携し、さらに「訓練ト相待チテ公民的徳操ノ涵養ニ力ム」ことが求められた（一九三一年一月文部省訓令）。それでもなお一九三七年には、「我が国体の本義に基づくべきものなることの認識が十分ではなかった」「実情」が反省され、「国体明徴の指導精神」に従いひたすら「聖訓に基いて国民道徳の陶冶」に努めることを強調する教授要目に改訂されたのである（一九三七年五月、文部省「解説」）。

したがって修身同様に公民科出題委員はすべて、時局に無関係でいることは許されなかった。にもかかわらず文検で出題されなかった教授要目項目が多数存在し、筆記試験設問は特定のものを除いてほぼ従来通りで、公民科のそれは文官高等試験（行政科）に類似したものだった。

文検では「教授法」の試験も規定され、指導案の作成はその一方法であった。そこで修身では一八八五年度の初回からほぼ毎回、物理や化学でもしばしば出題されていたが、とくに「道義ニ帰結セシムル」実践能力を求めていた公民科で指導案の作成は一度もなかった。

口述試験の内容については受験者の体験記憶に頼るしかないが、それらによれば、英語科では、板書、英語での説明、ヒアリングなどが重視され、物理や化学では模擬授業が課されていた。ところが公民科の口述試験で細かく追求されたのはやはり専門知識のことであり、模擬授業が重視されたわけでもなかった。公法、私法、経済学の委員たちが教材を道義に帰結させる口述試問をすることもなく、また教授要目が求めていた修身・歴史・国語など他学科目との関係づけをさせることもほとんどなかった。

口述試験に対する受験生の感想には、「どの先生も御親切で試験を受けてゐる感じだつた」（一九四〇年一一月号）「指導を受けてゐる感じだつた」（一九三八年二二月号）「指導を受けてゐる感じだつた」など好意的なものも多い。口述試験には、時局的でない受験生を見つけ不合格にするのではなく、その対処の仕方を教えるという側面さえあった。

問——神器と神道の関係は何うですか　答——神器は神道の象徴です。問——もつと中学生にも判るやうに。答——御鏡は君徳の表徴御剣は国体擁護の力……とか当てずつぽうに答へかけると　問——一寸的を外れてゐますね。　神器は神として祭られてゐると言へばよろしい（公民科、一九三九年七月号）。

そう言えば、一九三七年修身本試「国民道徳上から自由主義を批判せよ」に対し、「批判」せず肯定的に答えて本誌座談会で「それはどうですかね」と指導されていた受験生（前出）も、結果は合格であった。

試験委員自身、人によっては時局との間で葛藤していたのではないか。

「公民教育上最も大切なことは何か」という質問に「国体観念を明確にし堅実なる思想を涵養すること」と答えたある受験生は、公民科生みの親的存在であった木村正義委員（政友会代議士）から叱られた。「そんなことは修身科でもよい。それは判断力の養成だ」と。[8]

『教育修身研究』は吉田熊次に批判的だったが（既述）、帝国教育会での講演（一九三九年二月）における「日本精神論者への批判」は「頼もしい限り」であったと、吉田のまさに時局への〈抵抗〉を支持している。

日本思想界の現状で吉田博士の「健在」は全く喜んでいい。　国民精神文化研究所で同僚の紀平正美とは意見が異なり、「一種の神秘的な日本主義や、反知的行動主義的思想」にはどこまでも批判的で一歩も仮借しない。真の日本主義ならあらゆる西洋的方法をも日本国家独自の目的下に統一摂取すべきだと「力説」し、特に「行や錬成」の「横行」への批判は「痛烈を極めた」（一九四〇年二月号）。

八

吉田熊次は、一九〇七（明治四〇）年から一九三四（昭和九）年まで東京帝大の教育学講座を担い、また一九〇八年以降は、

文検の臨時委員一〇年、引き続き常任委員を二一年間務め（四一年以降不詳）主に教育の担当をした。さらに臨時教育会議や文政審議会、国民精神文化研究所研究部長など多くの公職に関与した教育行政界の重鎮でもあり、国民道徳論者として著名であった。

その吉田は、倫理学では「自律的精神」を、実践道徳としては「皇室国家」を説く当時の「不思議な現象」を問題だと考えていたので、修身の口述試験であえて「意地悪く」問うたことがあるという。

教育に際しどういう「道徳方針」をとるのか？　いずれの答えも「教育勅語」に依って。では君が倫理学者としての主張は？　「新カント派の自律的の倫理、即ち自我実現とか人格実現」。ではそれらと「実際上の道徳主義」はどう関係しているのかと問うと、「大抵の人はギャフンと参ってしまふ[9]」。

この質問には、「自律」は道徳行為の形式面、「教育勅語」はその内容面という関係だと答えれば〈正解〉だったのか。吉田によれば、教育論においても「カントの形式論」のみ重視し内容面を軽んずる傾向が一般にあるが、形式面だけの強調は「真理としての値打」はなく「理論としては両方でなくてはならぬ」のである。

自律の行為にも悪なるものがあるので「国民道徳」という内容が重要になり、忠孝は「自律的に」考えるべきである。「自分の全人格を挙げてなす」こと、その内容を考慮すること（即ち国民道徳）とは矛盾のしようがない。西洋の倫理学者は「理解が出来ない」というが、「国民道徳の基礎に依り又自律の精神を以て敢てする」ことにこそ倫理的価値があるという[10]。

しかし形式と内容の「両方」が重要だとすれば、道徳の内容は自律的に決定する必要があるのではないか。道徳の内容を他から与えられれば自律という形式と矛盾するからである。〈国民道徳を自律的に実践する〉という吉田の説を西洋の倫理学者が「理解が出来ない」というのは、この矛盾のためであろう。

実は吉田自身も、「「忠孝の好きな人はいいが」どうしてもそれが気に入らない人ならば、忠孝に従ふことは自我の本性を破ることになる」ので、「自律的の道徳」は「非常に厄介な結果」をもたらすことを認めていた[11]。

一九三〇（昭和五）年の教育勅語渙発四〇周年を契機に、教育勅語の解釈では「以テ天壌無窮ノ皇運ヲ扶翼スヘシ」が他の徳目の総括的上位概念として強調されるようになる。そして吉田熊次『教育学説と我が国民精神』（一九三四年）も、ヘルバルト主義を支持する意味で「認識を確実にすることを等閑に附する教育」を批判したが、その理由は「[それでは] 天壌無窮の皇運を扶翼することは出来ない」からであった。またペスタロッチ主義で「個人の性能」が伸びることはあるが、その性能が「我が国民理想に適合する内容を有つ様に育てられなければならぬ」とも主張している。

これでは自律の形式を捨てた誘導の強制に過ぎない。その彼が文検・教育の受験生心得の第一に挙げたのは、「[国家試験の] 当然の道理として国家が国策と [する] 教育方針」つまり「教育国是」の「体得」であり、そのためには教授要目の研究が重要だという。「いかにも」と思える。

ところが師範学校教授要目の教育（一九三一年三月）には、心理学・論理学・教育学・近世教育史・教育制度など伝統的カテゴリーが並び、その冒頭説明や末尾の注意事項にも時局色はまったくない。一九三七年三月改正では冒頭説明に「我ガ国ノ教育ガ我ガ国体ニ基クコトヲ明ニシ」が入りはしたが、要目自体に「教育国是」「国民道徳」関係の項目は存在せず、修身との連携という注意もない。こうした点、時局の影響を強く受ける修身や公民科とはまったく異なっていた。

そして吉田が文検に関係し始めた一九〇八年以降、文検・教育で国体明徴・国民道徳に関する時局的設問と言えば「国民精神涵養の方法」（三三年予試）くらいであり、「国家主義」（三回）「国家主義と人道主義」「国家思想の涵養」「教育理論と国民生活」を加えたとしてもわずか六問にすぎなかったのである。「教育ノ大意」（一回三～四問）での時局的設問も、一九〇九年～四二年を通じ皆無と言えた（六回分不詳）。

ところで『教育修身研究』が文検委員の新著批評の企画で最初にとりあげたのは、既述の吉田熊次『教育学説と我が国民精神』であった。

島——ナチスやファシズムの国家主義には普遍妥当性がなくて、日本にのみあるという点は検討が必要だ。

富田——その点が一番重要なのに「自明のもの」として議論が進められています。

島——そんな見方をしていけば「西洋思想で吉田博士の気に入る様な説は見当らない訳だね」（一九三五年七月号）。

この批評が取り上げているのは恐らく次の部分である。──ファシズムやナチズムは「利己的民族主義」で「認容」で[16]きない。しかし「我が国民精神は天地の公道に基く一般的原理に基くものでなければならない」ので「是等と類を異にする」。吉田はヒトラー政権が生まれてすぐに、ナチズム等に疑問を抱いていた。では「我が国民精神」はどの点で「利己的」なそれらと異なるのか。同書は「我が国民精神」の普遍妥当性を前提とし、両者の違いも確かに「自明のもの」としている。

ところが不思議なことに上記引用部分では、「我が国民精神は〈中略〉一般的原理に基くものでなければならない」と主張され、引き続く結語は「将来の教育学は此の点に関して最も慎重なる考究を費さなければならぬ」となっている。つまりその違いは未だ明らかではなく、その考究こそが将来の課題だとされているのである。

さらに吉田は同書においてナチス教育運動を一定評価しつつも、ただし「原始的教育の欠陥」を補う「知能啓発的教養」は将来においても「排斥」すべきではなく、「要は全き生活に適する全き人格を各方面に亘りて陶冶することが、教育上永久の真理論でなければならぬ」とも主張していた。[17]

だからこそ島や富田は、「我が国民精神」はどの点で「利己的」なナチズム等と異なるのか、「天壌無窮の皇運を扶翼すること」がなぜ「知能啓発的教養」とか「全き生活に適する全き人格」の陶冶となるのか、これらのことを明らかにしてほしかったのであろう。

国民道徳論者として著名な、また「帝国大学ハ国家ノ枢要ニ応スル学術技芸ヲ攷究シ」という「帝国大学令」第一条の「ま[18]ことに忠実なる履行者」であった吉田熊次すら、否あるいはそれ故にこそ、教育学者としての信念と時局の圧力との間で葛藤していたと言わざるをえない。彼は「戦時下の教学刷新政策に深く関与しながらも、アカデミズムの論理に貫かれた教育[19]学研究のあり方を主張し続けた」学者でもあった。そして吉田は文検・教育において、アカデミズムを守り時局を抑制しようとしたのである。他の試験委員たちも時局に全面迎合したのではなかった。

しかし『教育修身研究』が苦悩しつつ示した抵抗は、はるかに明示的かつ積極的であった。

おわりに

戦前にもなかった国旗国歌法（一九九九年）が制定されて以降、愛国心を組み入れた教育基本法への全面改定（二〇〇六年）、「道徳の時間」の「教科」化（二〇一五年）、そして二〇一七年には中学校武道への「銃剣道」追加、さらに絶えざる監視を伴う「組織犯罪処罰法」改正（共謀罪法）の強行採決・施行にまで進んでしまった。この間、「道義国家」の実現を公言する防衛大臣、教育勅語「幼稚園」の存在まで浮上、閣僚等も教育勅語擁護発言を行ない、靖国神社・伊勢神宮への参拝などを繰り返している。こうした状況が進行しつつある今日、思想統制下での〈苦渋の抵抗〉を行なった『教育修身研究』全一六〇号は極めて貴重な史料である。しかし国立国会図書館や各地公共図書館での所蔵はなく、大学では数号の所蔵を除けば神戸大学に計六一号分があるくらいである。

ところで本史料発掘のきっかけは、寺﨑昌男先生を中心とした「文検研究会」が精力的に展開した資料探索である。その結果、本誌編集人の一人・富田義雄氏のご自宅に注意深く保存されていることが分かった。そして研究会のために特別に貸与して頂けたのでフルに活用することができたし、また今回、若干の欠号はあるもののほぼ全号の復刻が可能となったのも、ひとえに富田氏ご遺族のご厚意のおかげである。心よりお礼申し上げたい。

また富田氏・平良氏を中心に生まれた島為男氏を囲む「永福同学の会」の中心メンバーの方々が、共同研究に対し多大の裨益と刺激を与えてくださった。中でも右の「同学の会」と私たち研究グループの間を取り持ち本誌の存在と所在を教示してくださった荒巻正六氏、長時間のインタビューに応じてくださった山崎茂、田辺多命次、箕輪勇、村瀬昇、鳥井健太郎、嶋澄（島為男氏ご子息）等の諸氏にも、あらためてお礼申し上げたい。

こうしたご協力を得て研究会は、寺﨑昌男・「文検」研究会編『「文検」の研究——文部省教員検定試験と戦前教育学』（学文社、一九九七年）および『「文検」試験問題の研究——戦前中等教員に期待された専門・教職教養と学習』（学文社、二〇一三年）を生み出すことができた。

なお研究成果書および本解説では敬語等を省いているが、上記協力者の方々に対する研究会参加者一同の厚い感謝の念が、

それらの基盤にあることを書き添えておきたい。

注

（1）「教育尊重と文検廃止論」『内外教育評論』一九二三年五月号。一高校長、文検委員、文部次官、東北帝大学長、京都帝大学長など歴任。

（2）例えば一九三五年度の中等学校（中学・高女・師範）への進学率は、男子二〇・四％、女子一六・五％、高等教育機関在学者（含大学院）の該当年齢人口に占める割合は三・〇％。文部省調査局『日本の成長と教育』（一九六二年）三九頁、五〇頁。

（3）以下受験生の回想は、特に注記しているもの以外、永福同学の会編『膚に刻んだ教育五十年史——文検学徒が歩いたいばらの道』（蒼丘書林、一九八四年）による。

（4）松田友吉『上京と文検』（厚生閣書店、一九二八年）三九七頁。

（5）以下島の自叙に関しては、島為男『教壇・七十余年の春秋』（みき書房、一九七七年）による。

（6）以下雑誌からの引用は、特に注記するもの以外、『教育修身（公民）研究』からである。

（7）昭和一八年七月一三日付、熊野義孝宛書簡『西田幾多郎全集第十九巻』（岩波書店、一九六六年）二四七頁。西田は一九四〇年度文化勲章受章者であったが、「日本文化は世界的にならなければならない」といった言葉などが「皇道随順」的でないとして、戦時期「激しく非難された事実」がある（上田閑照『西田幾多郎——人間の生涯ということ』岩波書店、一九九五年）二〇九頁。

（8）川原孝治「千六百時間文検公民科準備（上）」『公民教育』一九三六年一一月号。

（9）吉田熊次『国体と倫理』（富山房、一九二五年）二二八頁〜二二九頁。

（10）同前書、一五四頁、一五七頁、一五八頁、一五九頁。

（11）同前書、一三五頁、一三七頁。

（12）吉田熊次『教育学説と我が国民精神』（目黒書店、一九三四年）五三頁。

（13）同前書、四四頁、四六頁。

（14）吉田熊次「文検中等教員教育科及教育大意受験準備注意」『文検受験生』一九三九年四月号。

（15）文検・教育の設問数は、一九〇八年予試・本試から設問確認ができた一九四一年予試までで五四五問。なお予試・本試とも六問が原則（五問、七問、八問の年も）。寺﨑昌男・「文検」研究会編『「文検」の研究』（おわりに）前掲）資料編参照。

（16）吉田熊次『教育学説と我が国民精神』一六三頁〜一六四頁。

（17）同前書、二七五頁〜二七六頁。

（18）『吉田熊次著作集第7巻』（学術出版会、二〇〇七年）樺松かほる「解説」二頁。

（19）森田尚人「若き日の吉田熊次」小笠原道雄・田中毎実・森田尚人・矢野智司著『日本教育学の系譜』（勁草書房、二〇一四年）二三頁。

＊本「解説」は、寺崎昌男・「文検」研究会編『「文検」の研究』（「おわりに」前掲）第四章「『教育修身研究』と島為男」を基に加筆したものであるが、同書全体およびその続編『「文検」試験問題の研究』（同前）にも負うところ大である。

II

総目次

総目次

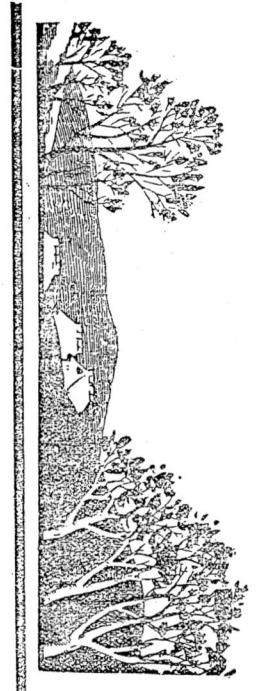
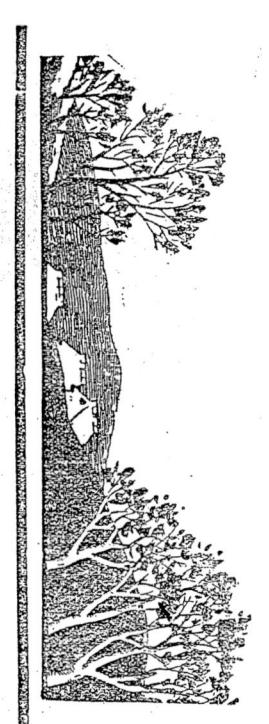

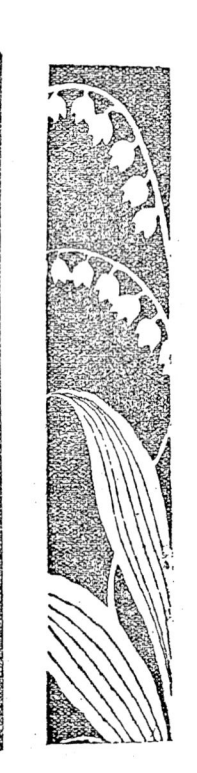

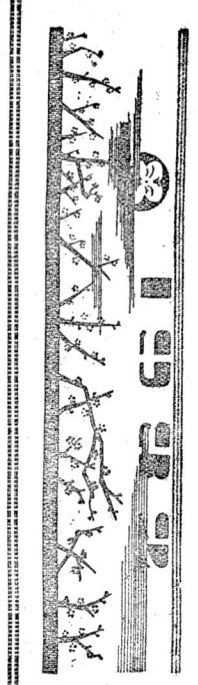

4

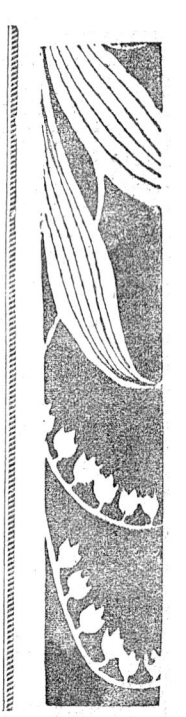

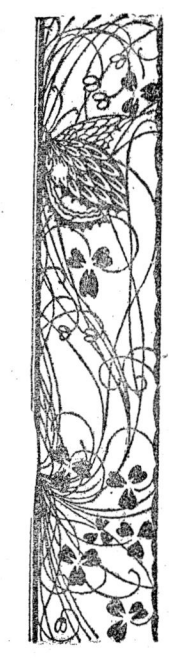

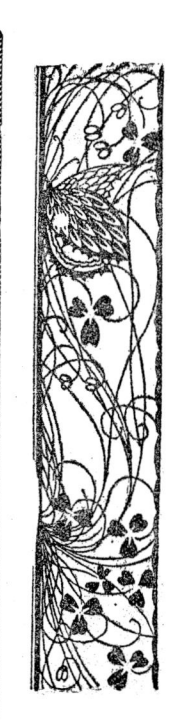

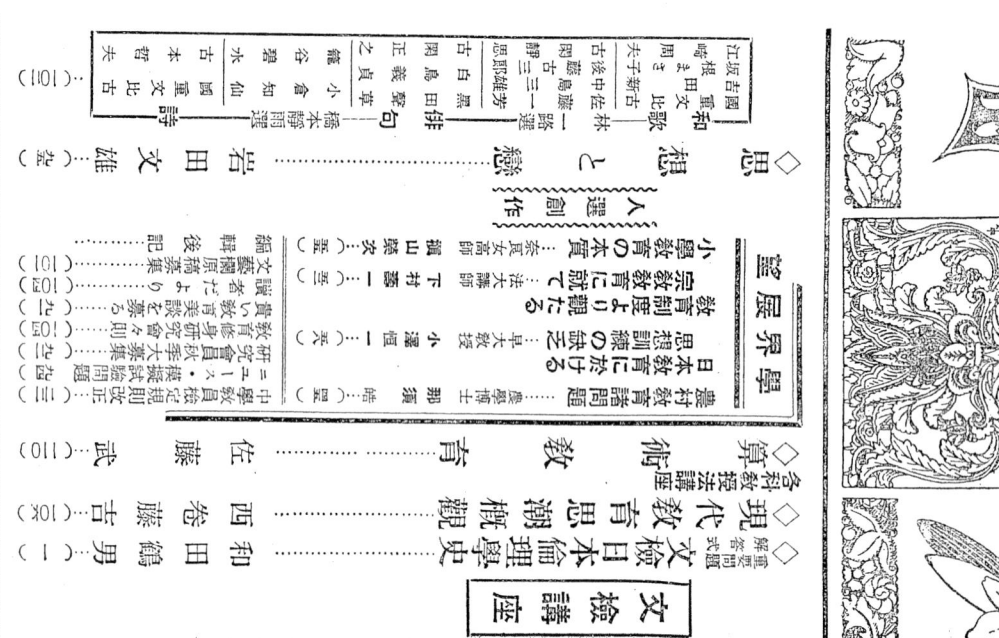
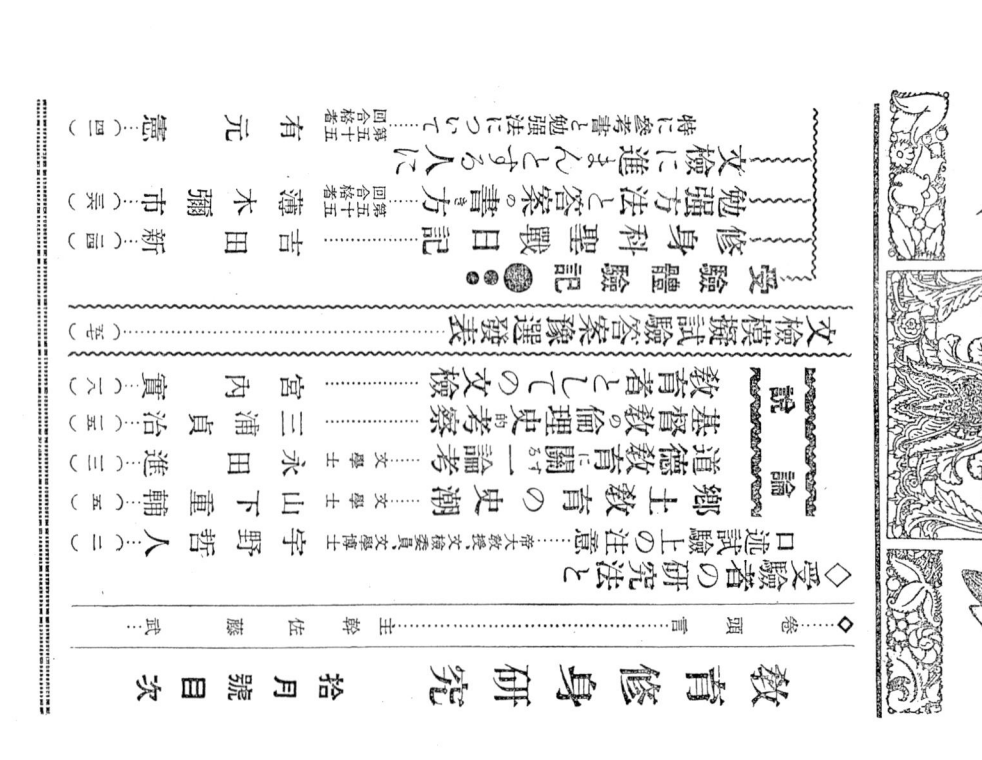

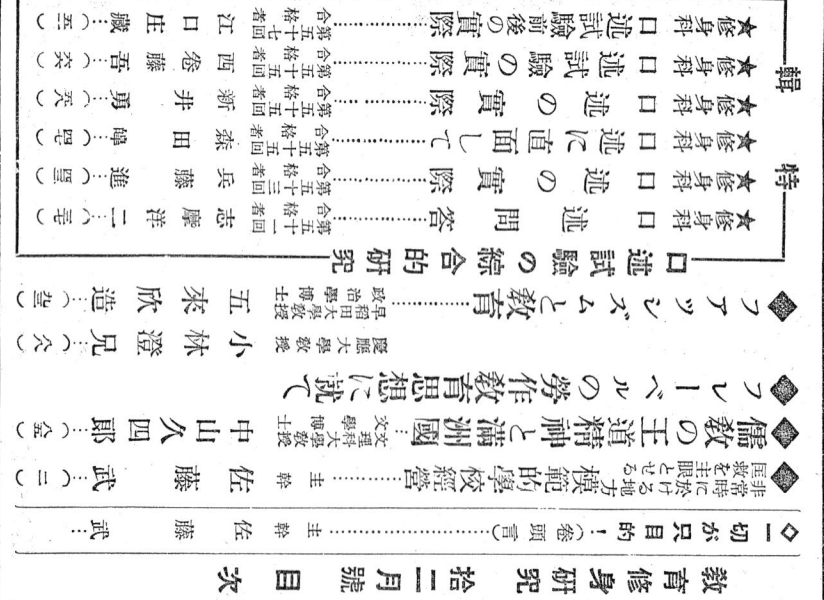

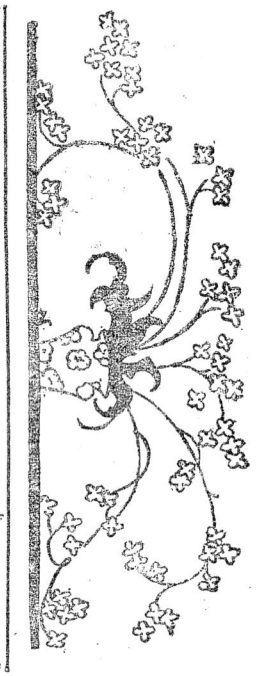

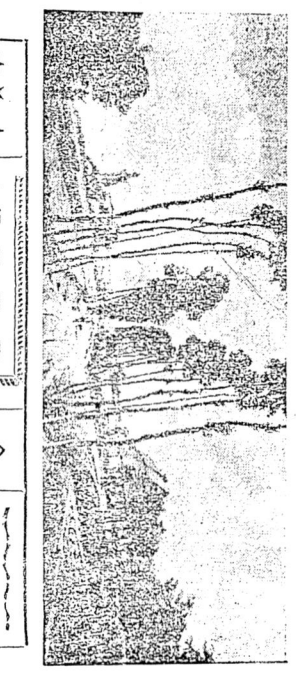

17

20

（ 3 ）

（ 4 ）

21

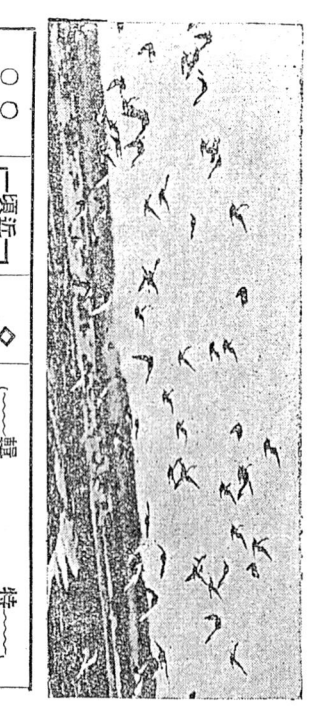

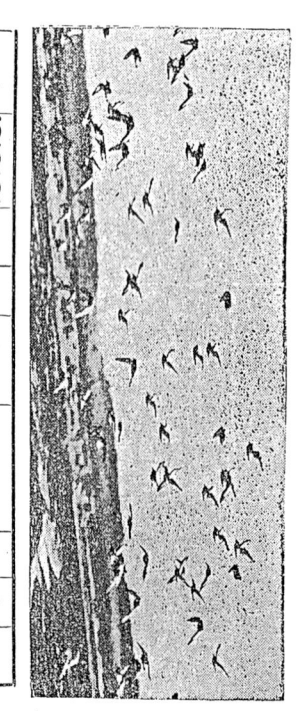

目次

30

31

33

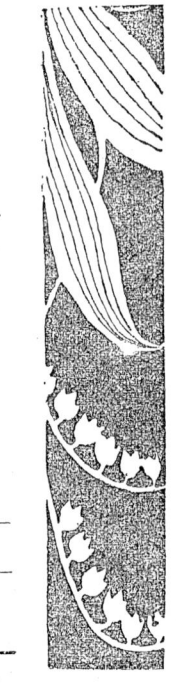

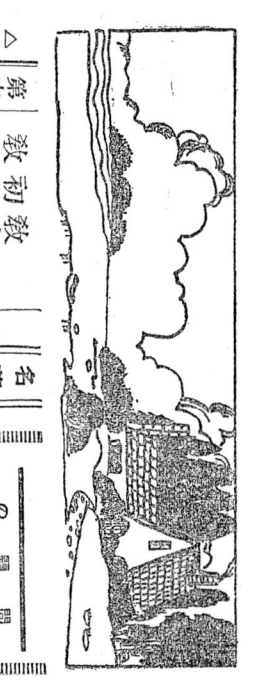

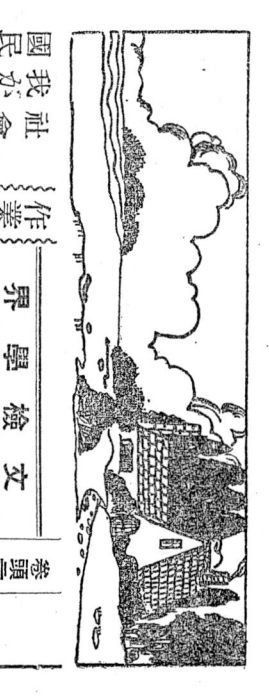

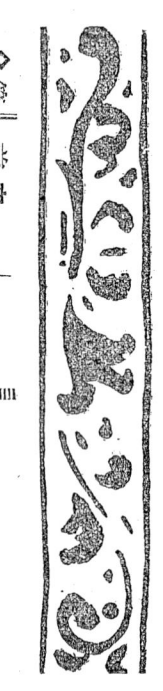

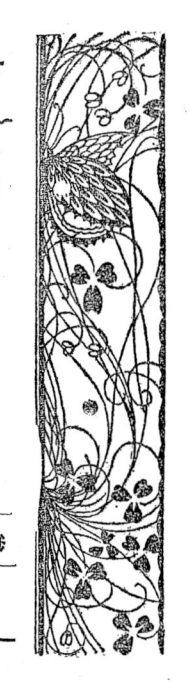

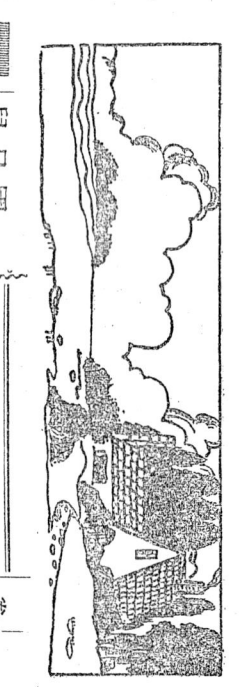

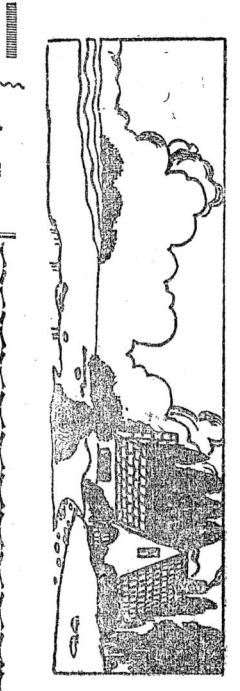

教育修身研究　十二月號　目次

61

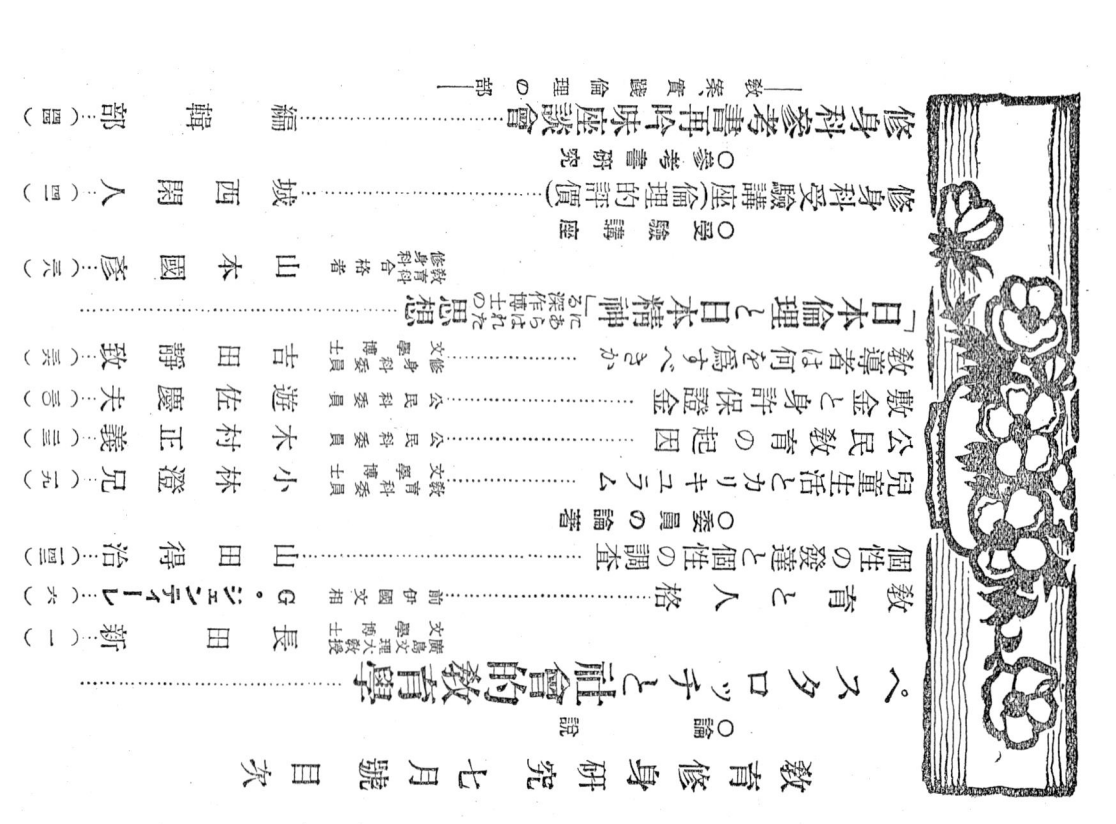

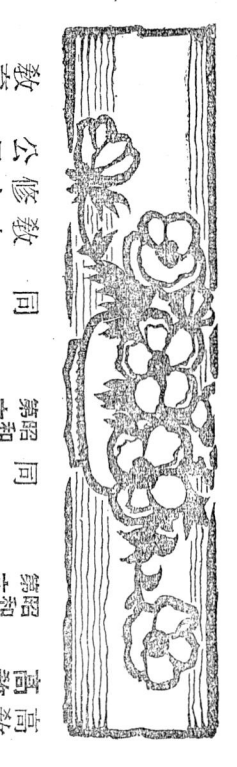
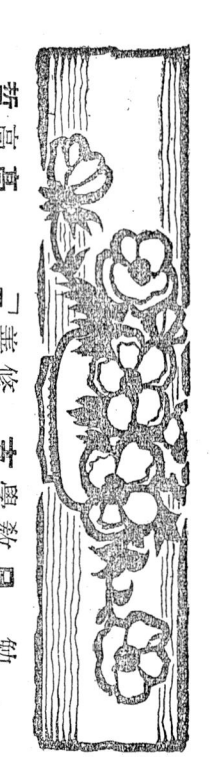

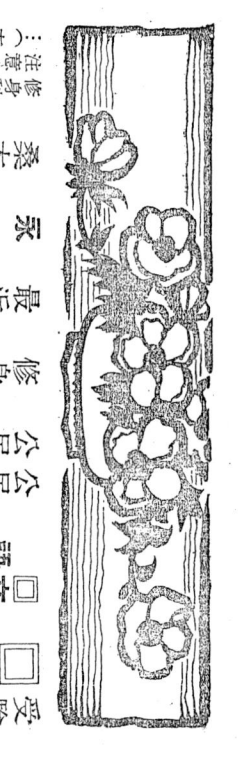

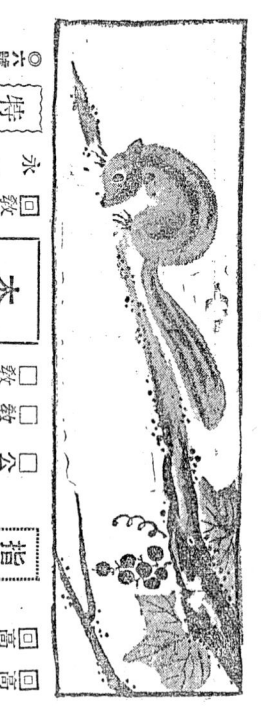

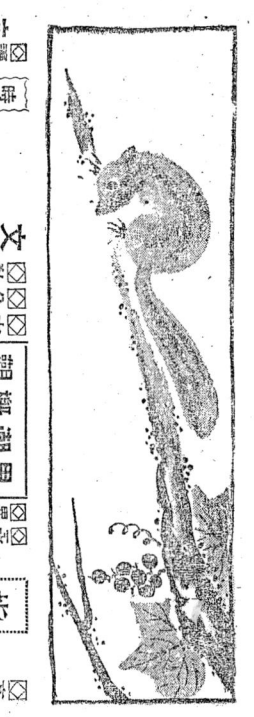

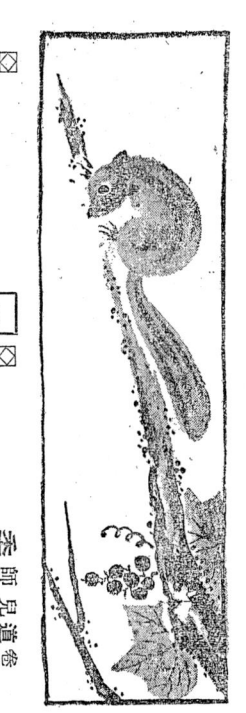

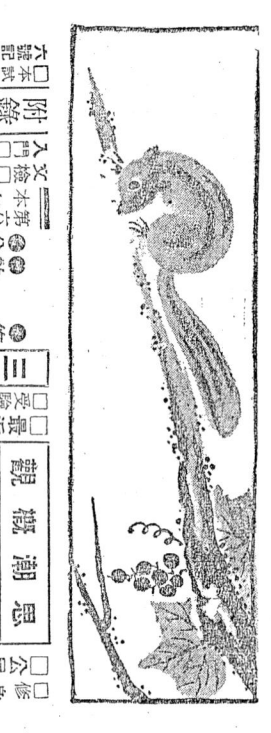
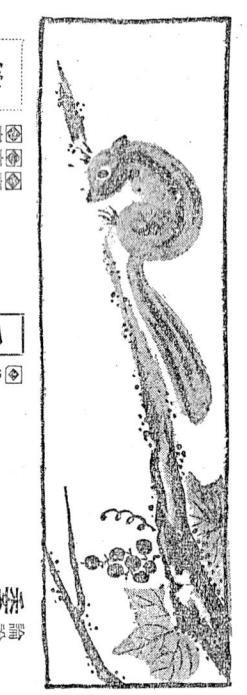

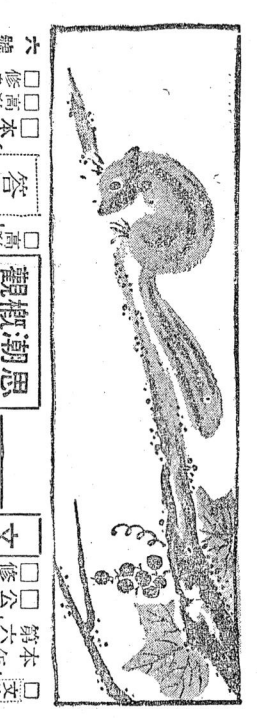

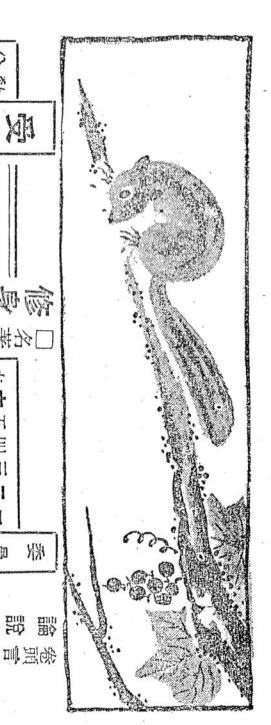

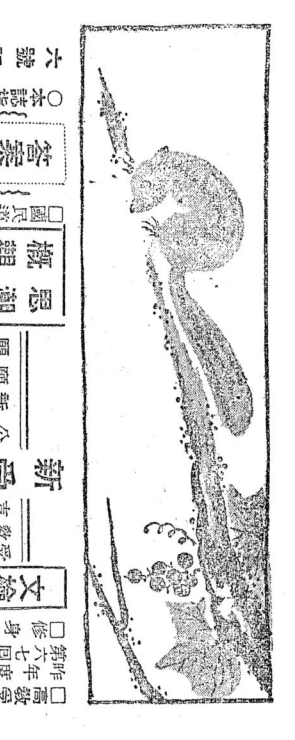

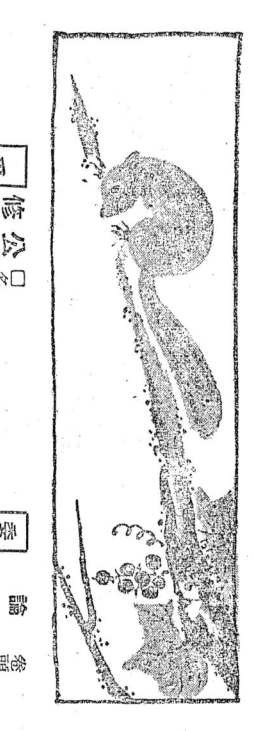

79

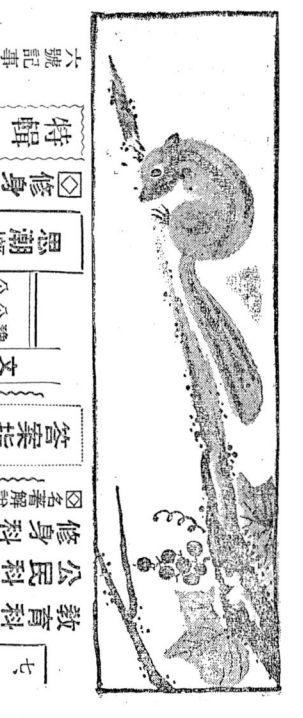

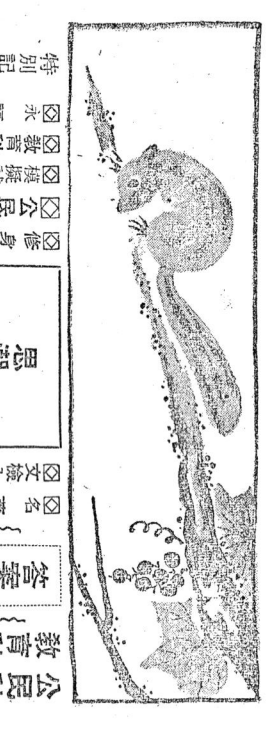
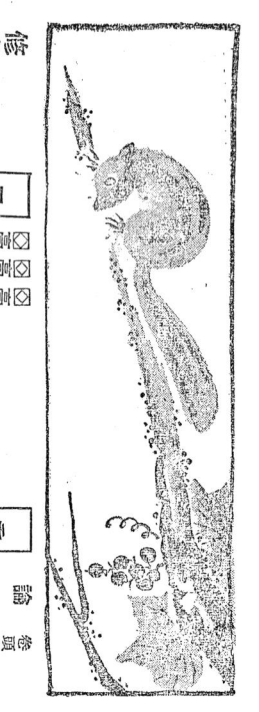

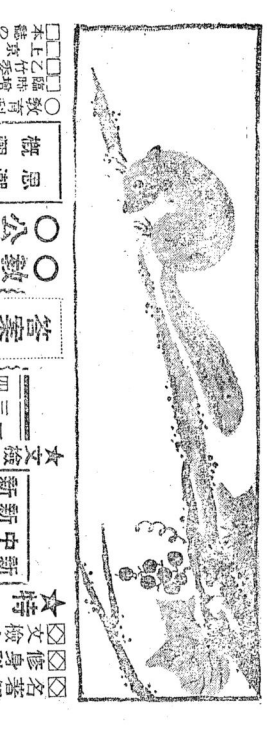

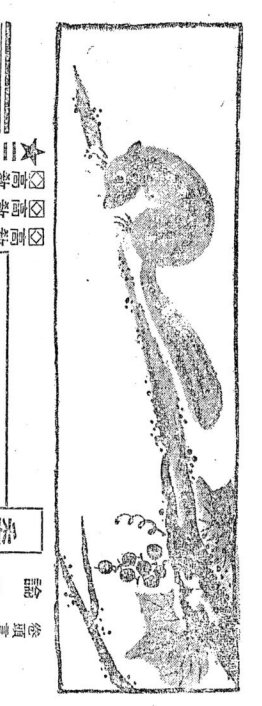

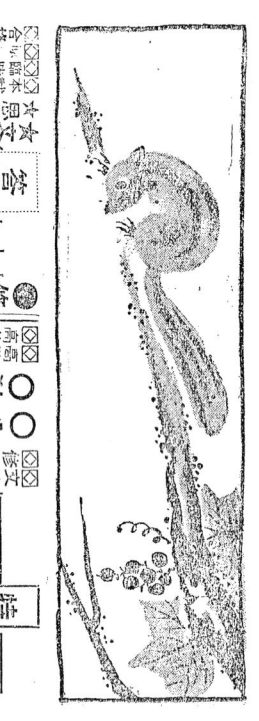

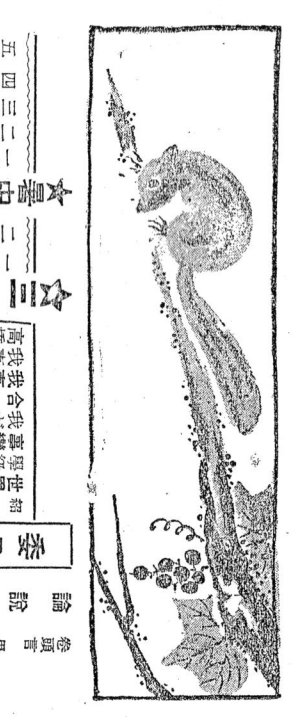

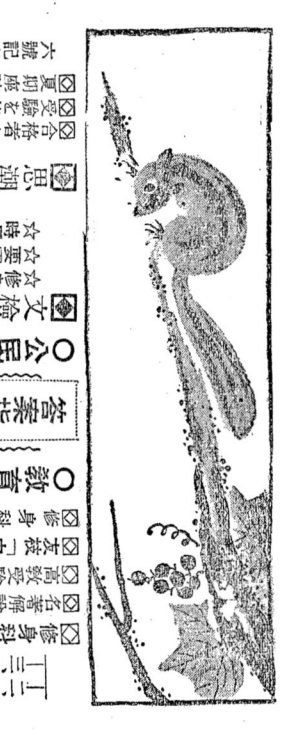

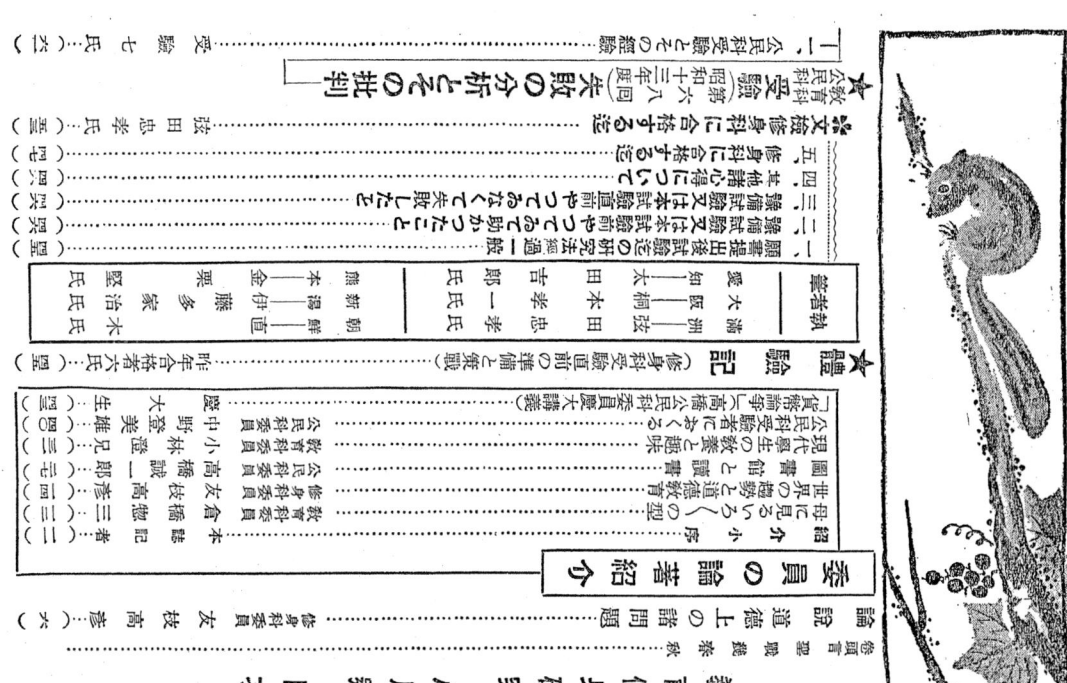

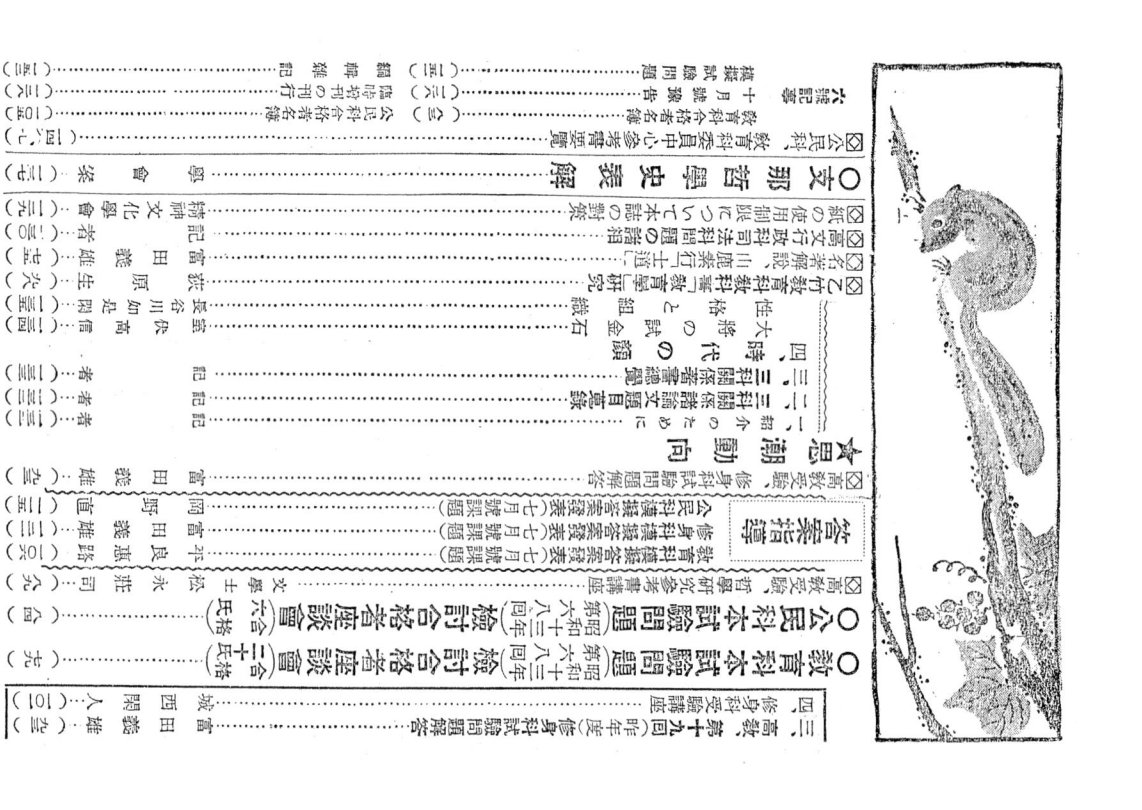
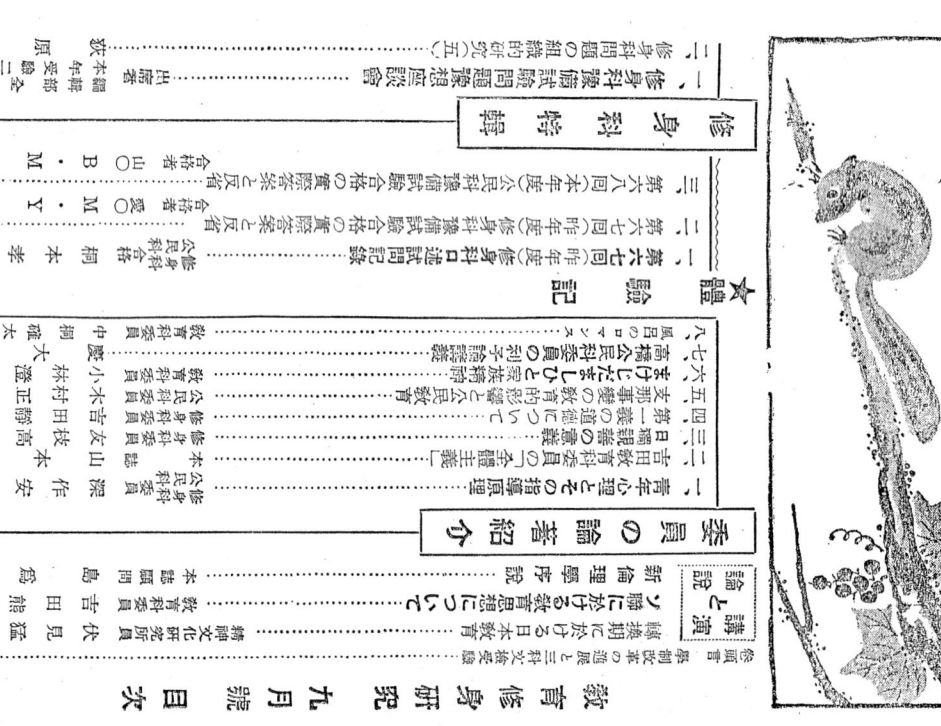

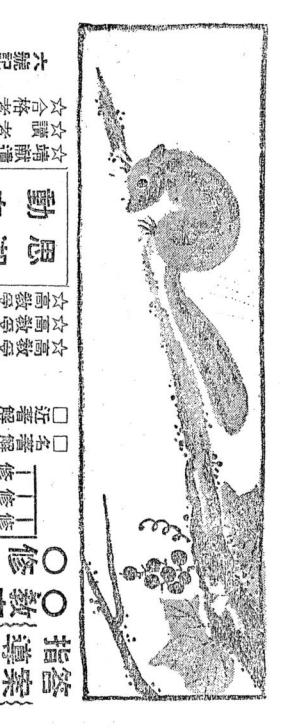
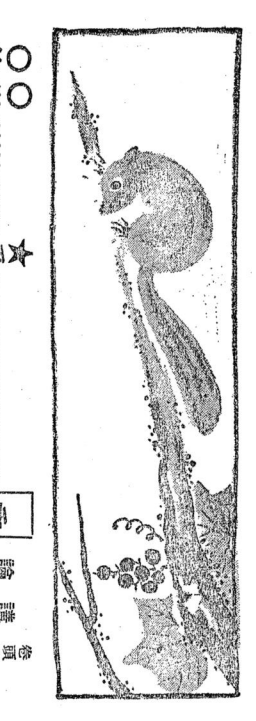

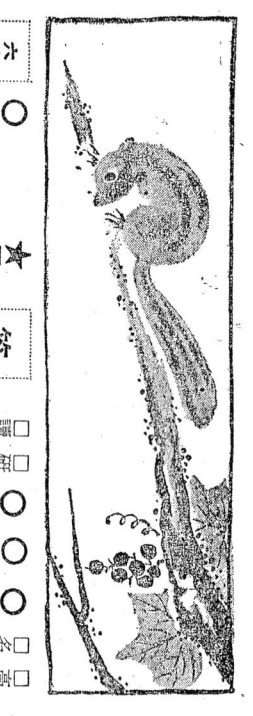

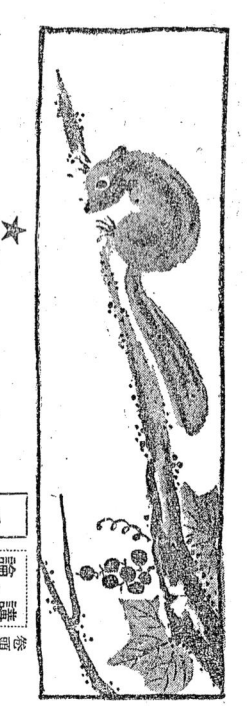

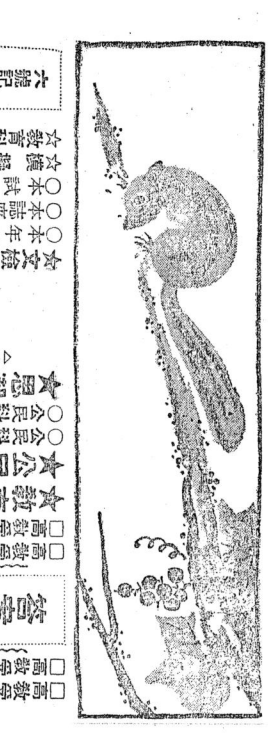

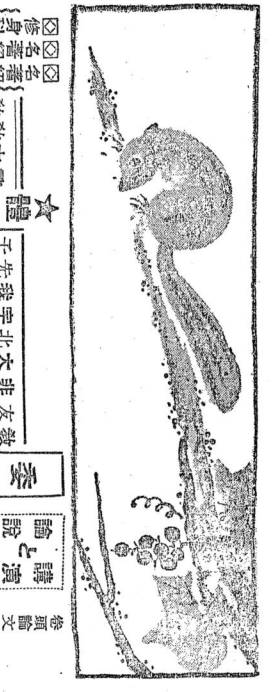

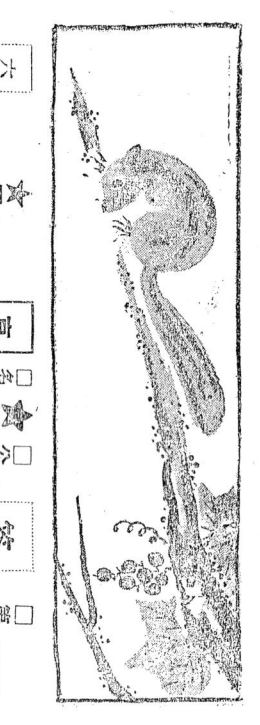

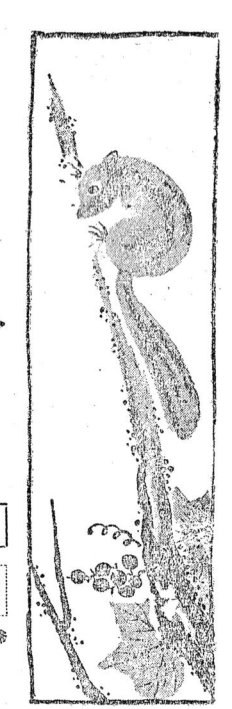

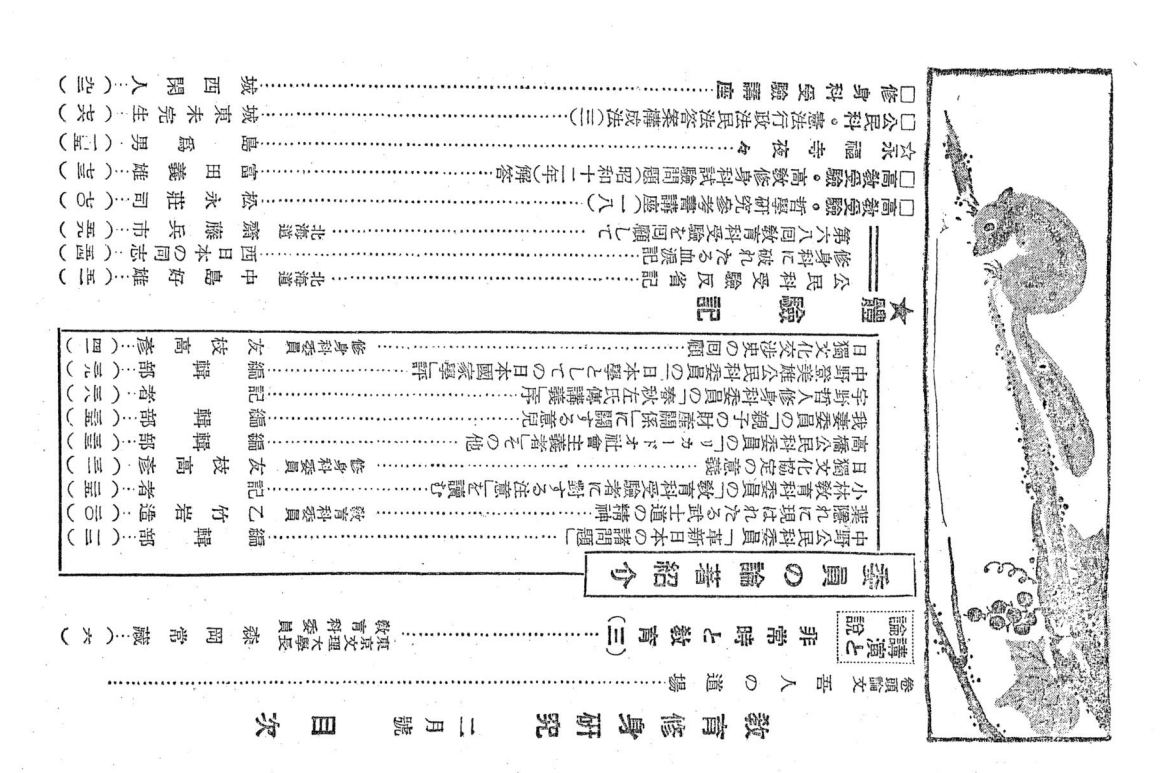

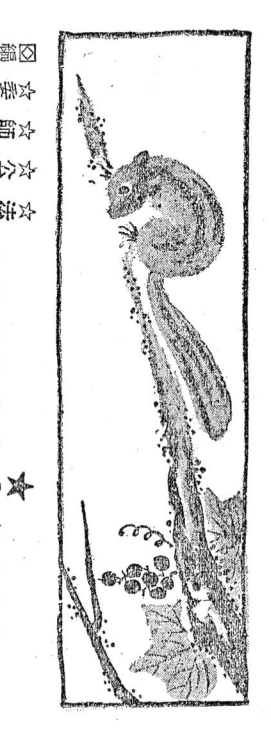

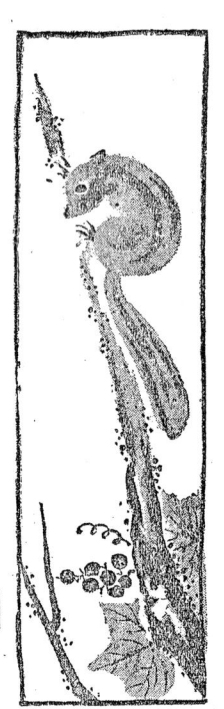

論說
　受驗臨時の目と精神と研究

受驗と研究
修身・教育
奉學臨時增刊
第九號
十六
目次

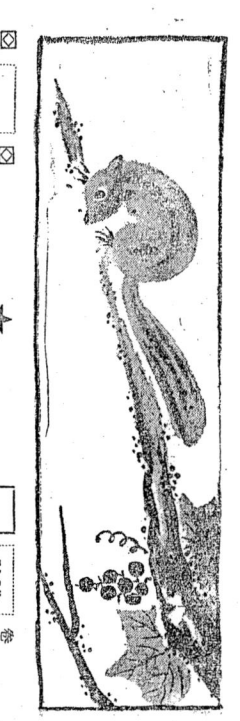

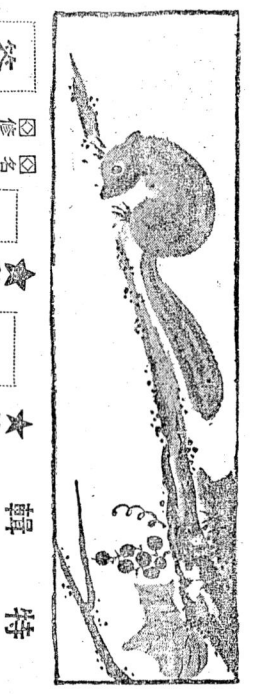

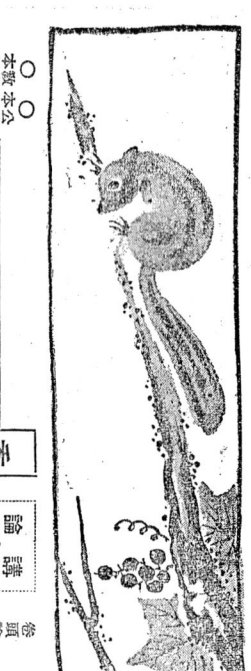

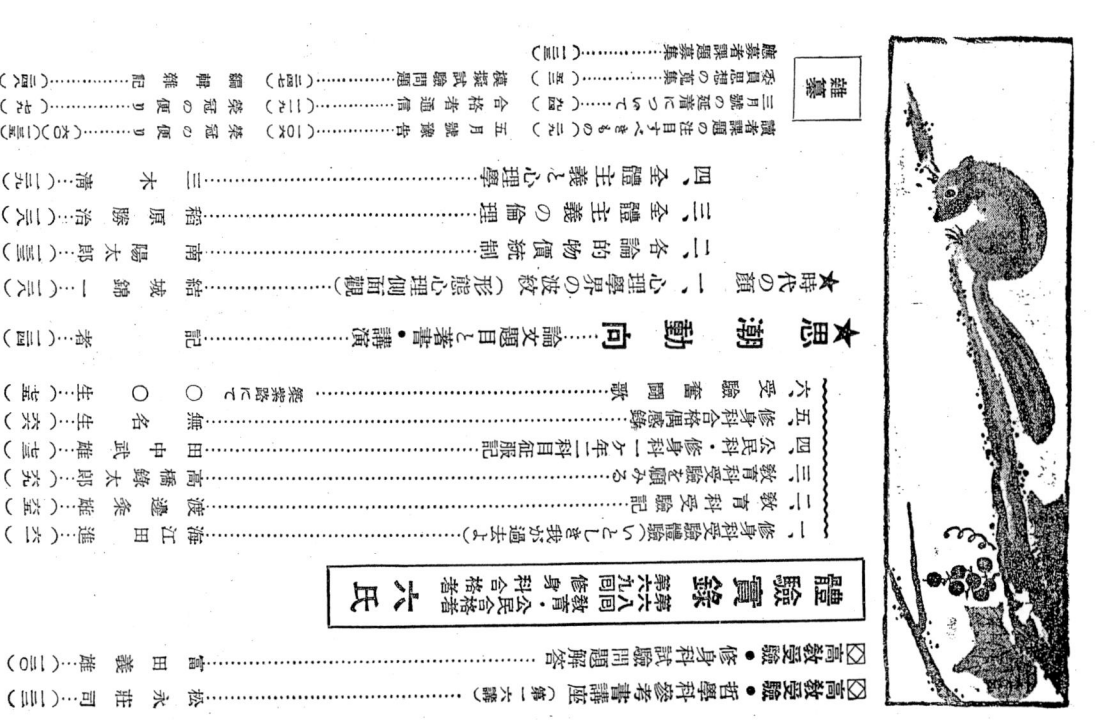

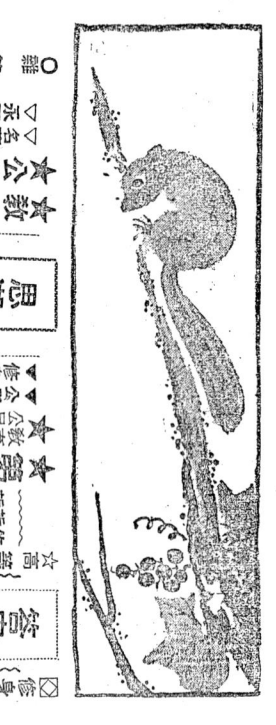
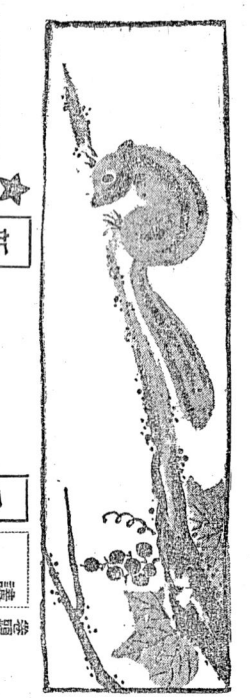

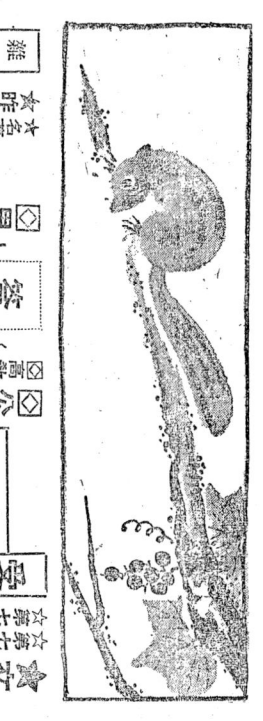
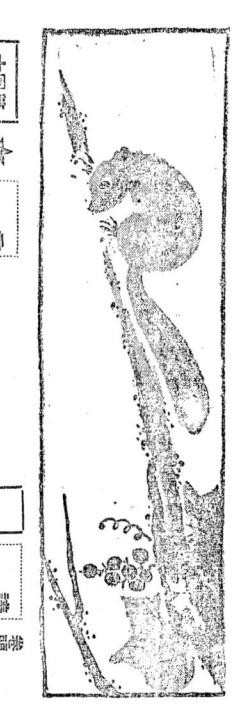
97

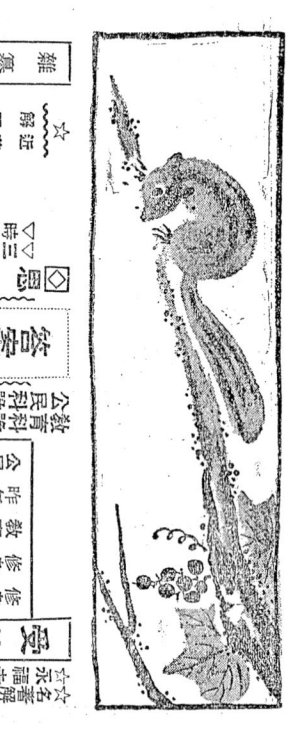

★教育修身研究・七月號 第一〇號★ 目次

論と講演

會員の論著紹介

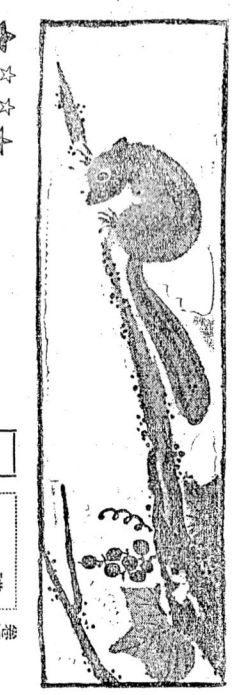

★☆☆ 教育修身科研究 七月號
論と講演

答案指導

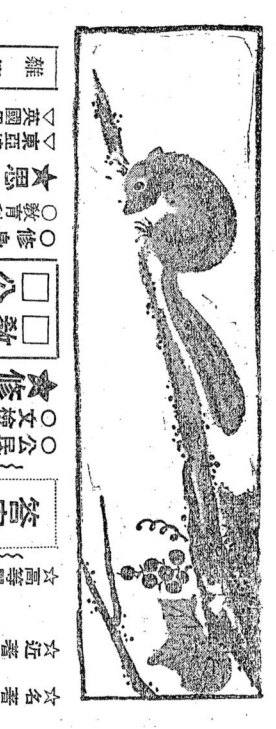

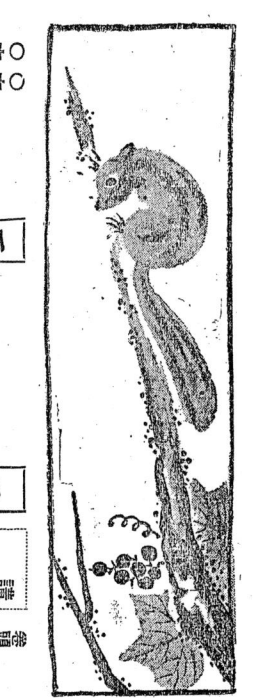

99

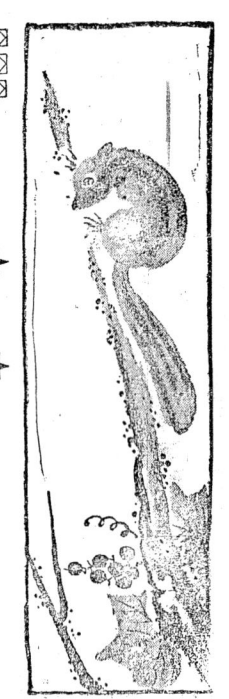
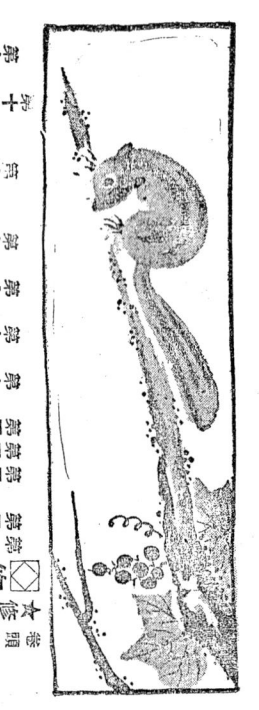

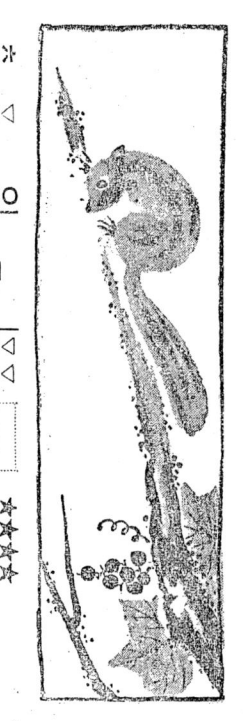

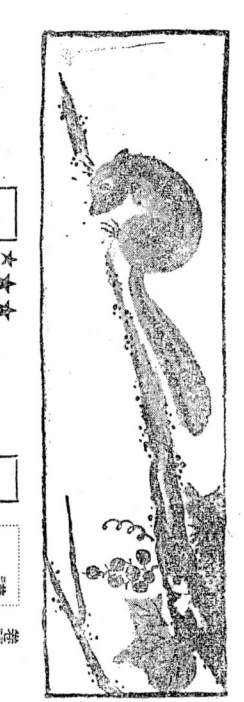

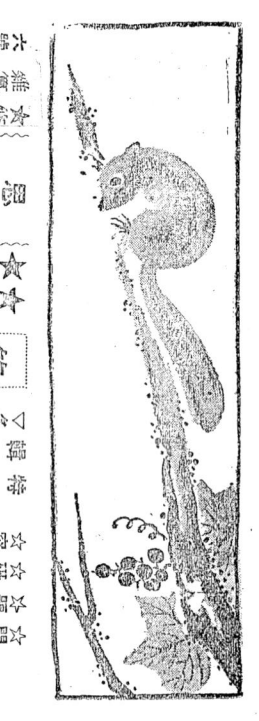

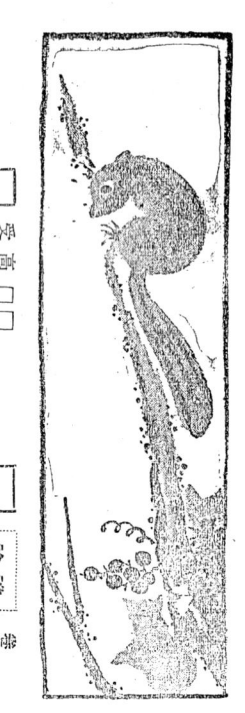

教育研究 修身科
第一〇五號（五）
十一月號

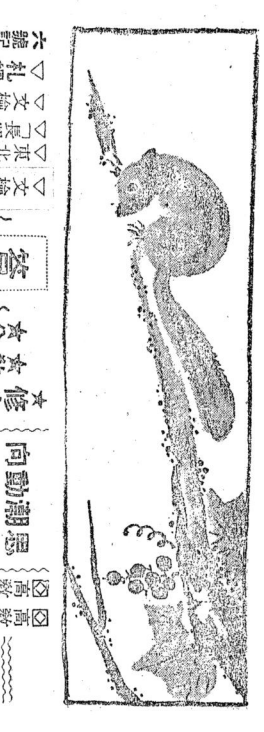

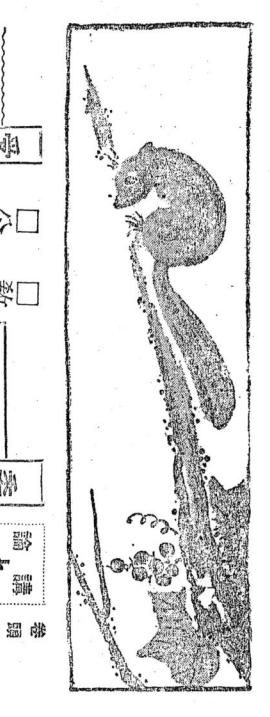

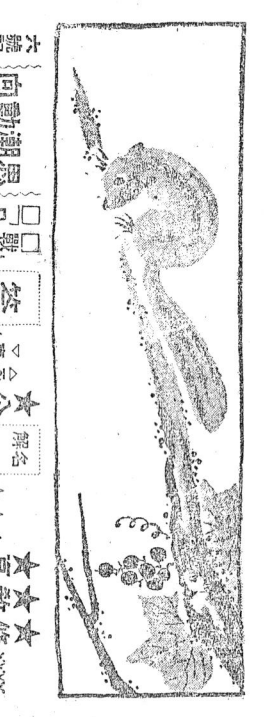

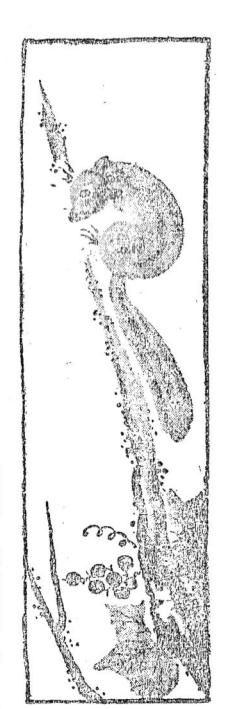

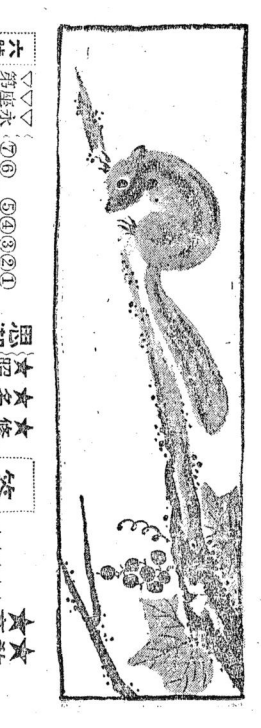

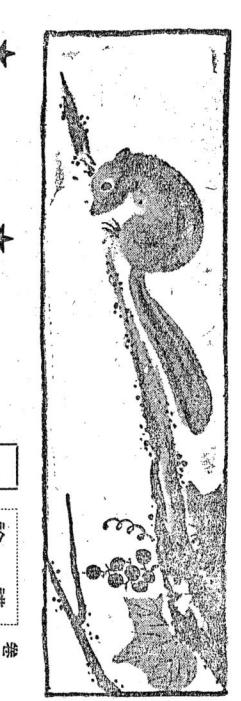

目　次
一月号・第一〇八号

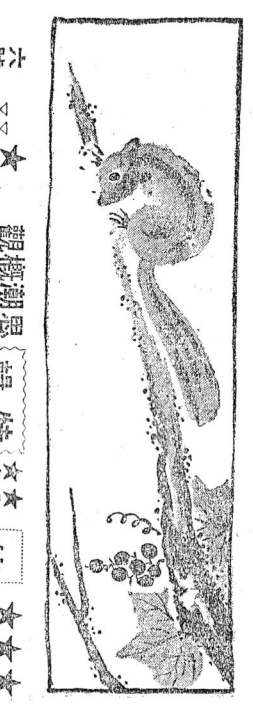
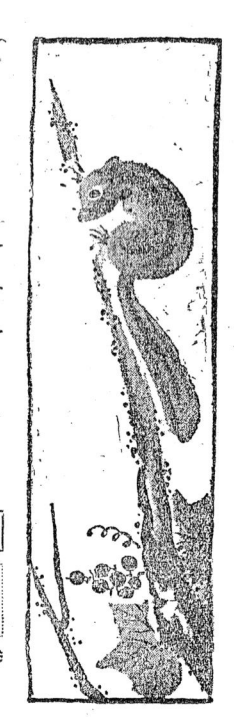

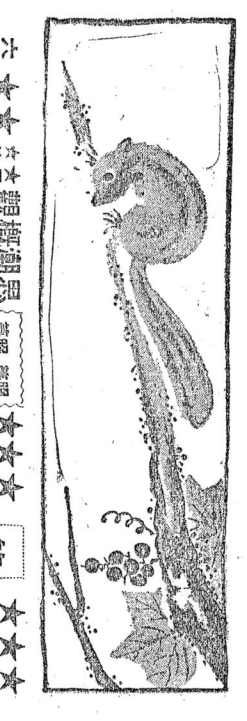

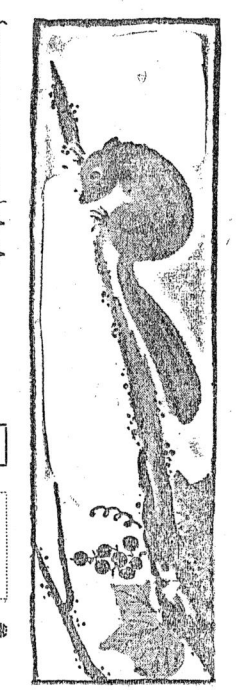

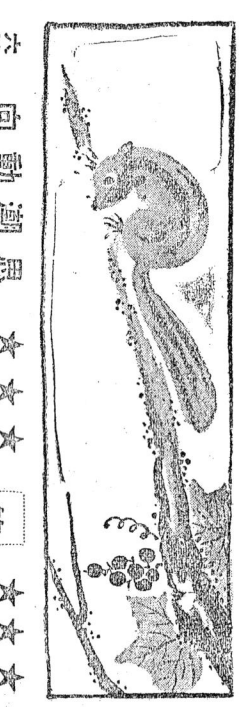
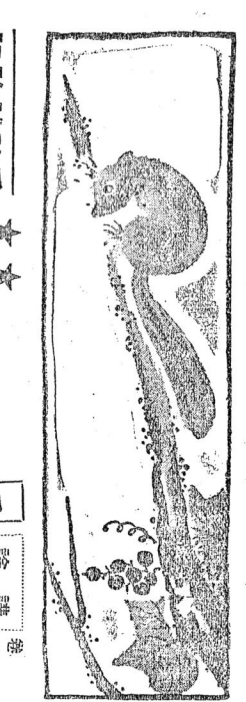

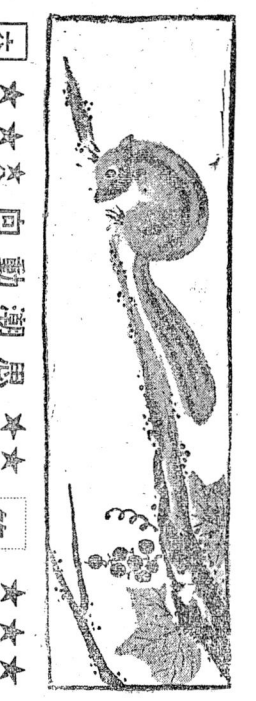
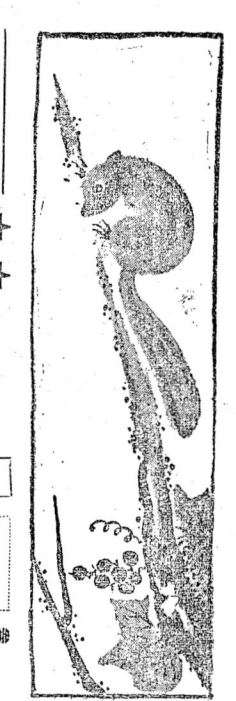

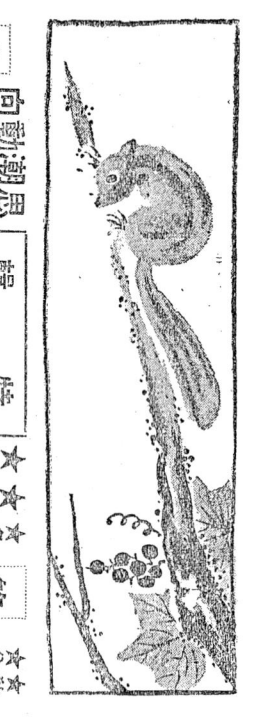
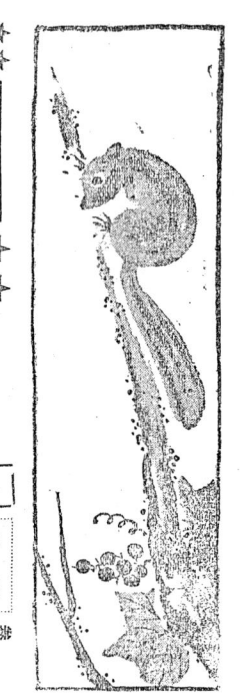

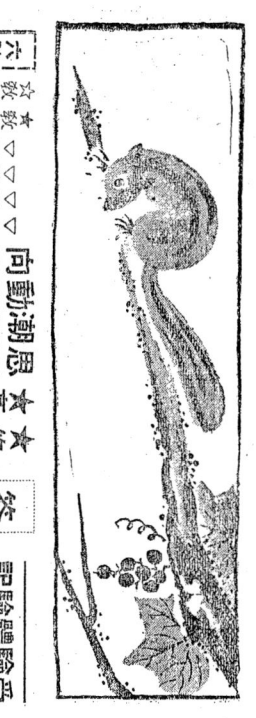
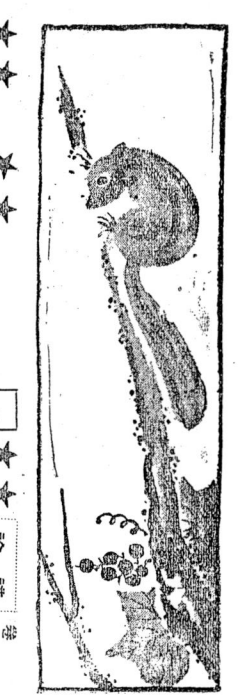

目次

修身・公民

七月號（第二四號）

教育研究　本誌

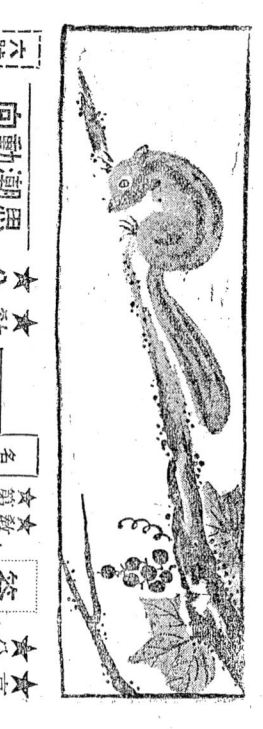

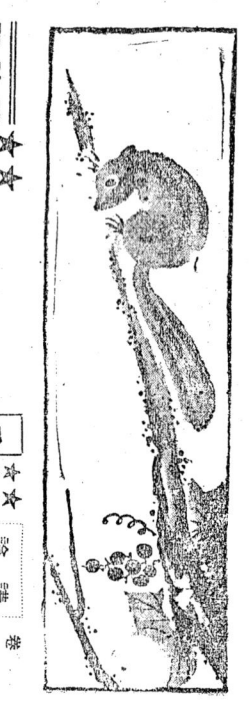

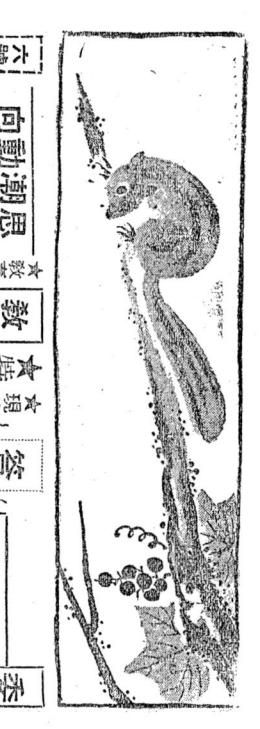

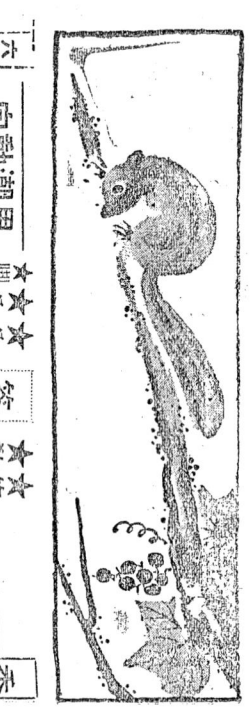
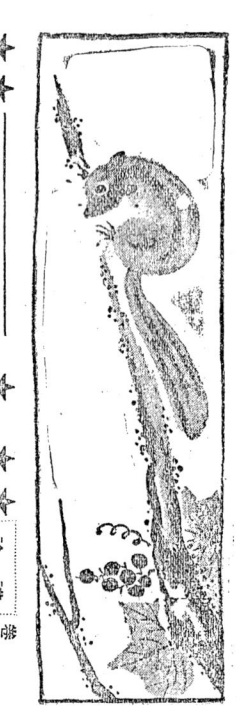

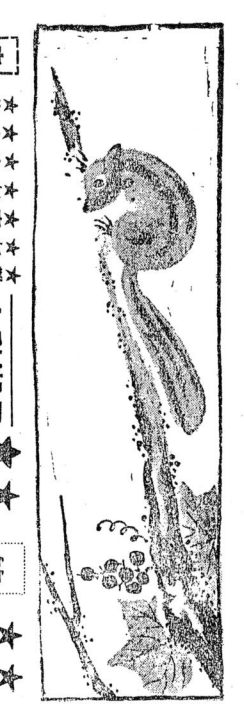
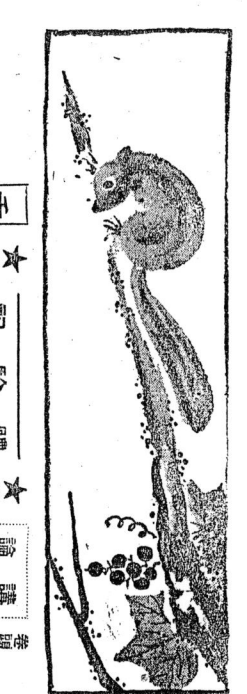
117

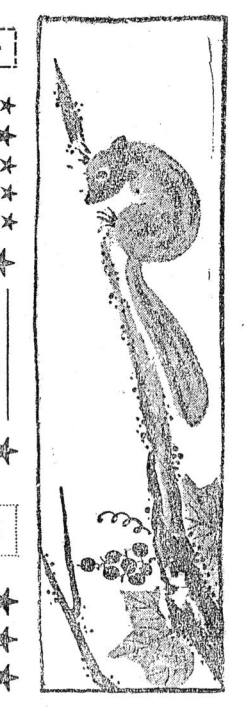
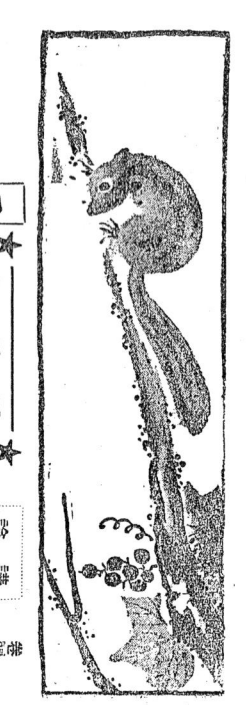

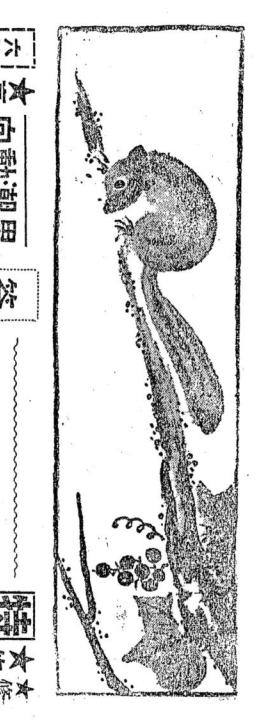

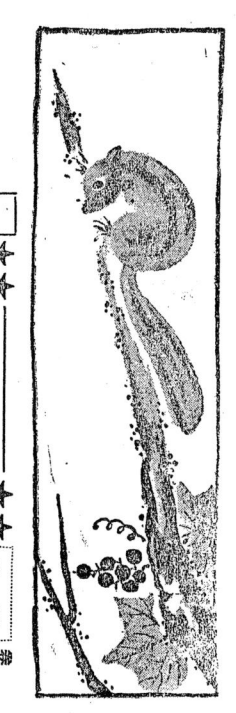

思潮動向

教育思潮動向
東亞民族教育の使命

思潮動向・答案指導

本教育科 本修身科

公民科・修身科・教育科

教育科の修身科

修身科・教育科試驗問題の答案解説批判

本修身科・教育科
公民科・修身科・教育科試驗問題模範答案

本修身科 公民科 教育科 採用問題 模範試驗問題解答精選集

各教育科學者座談會

各委員科の論著紹介・解説・批判

本日本公民科 教育科

公民科・修身科・教育科委員講座 各專門學者

論と講演
★目次★

本修身科・教育科 公民科 試驗問題研究
昭和十六年度 第十六卷 第一號（三三二頁）
◆一月增大號◆

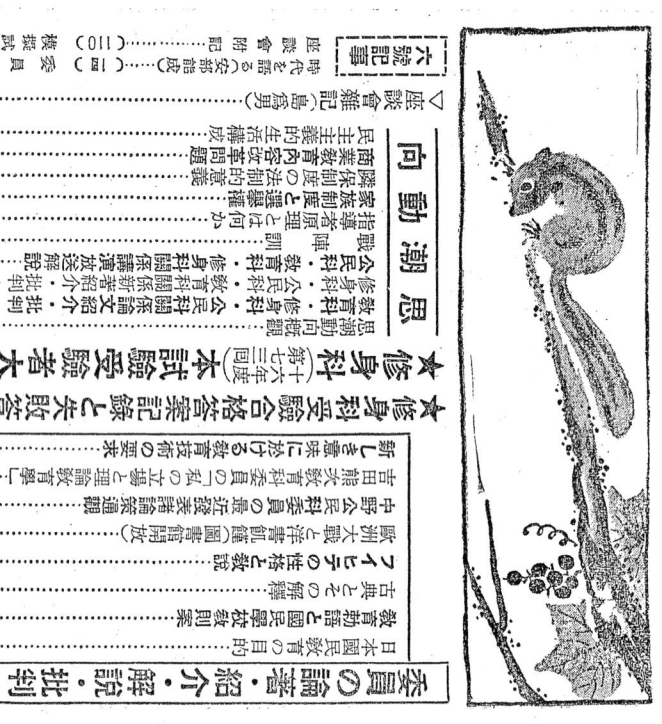
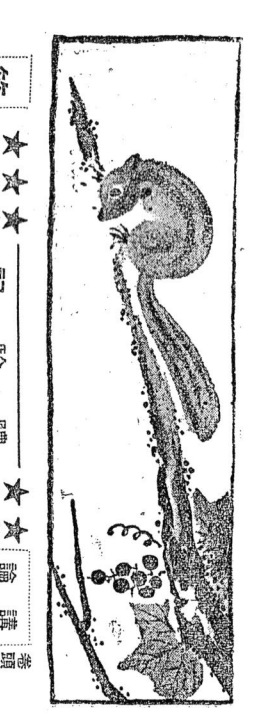

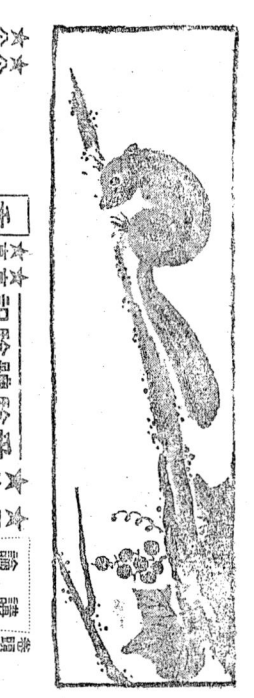

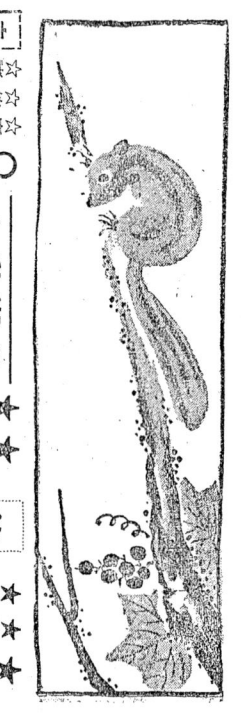

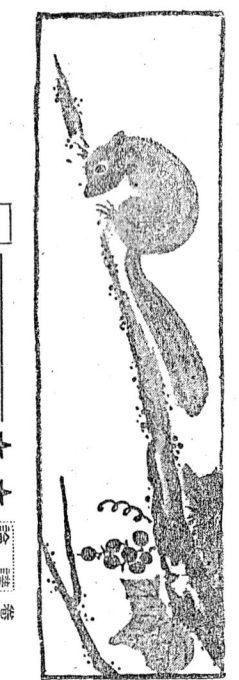

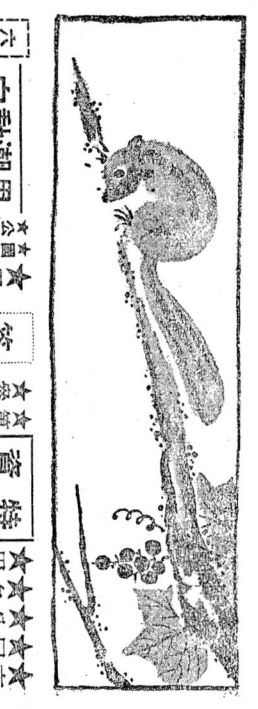

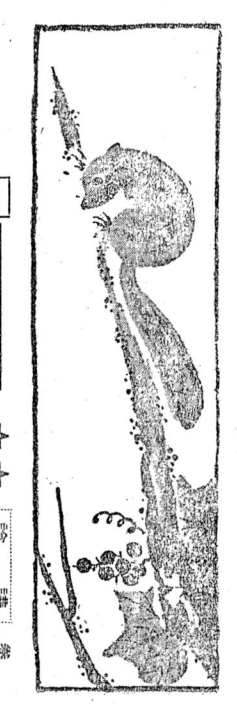

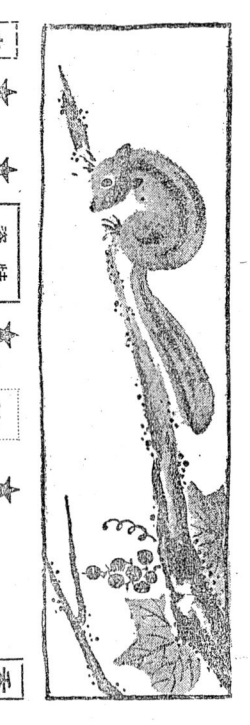

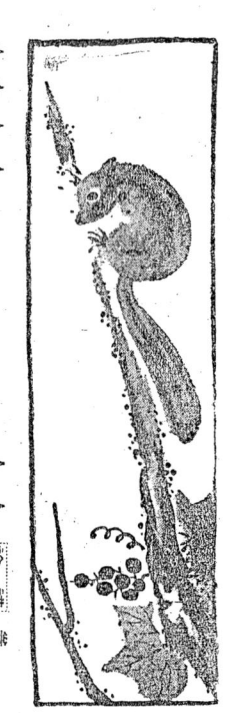

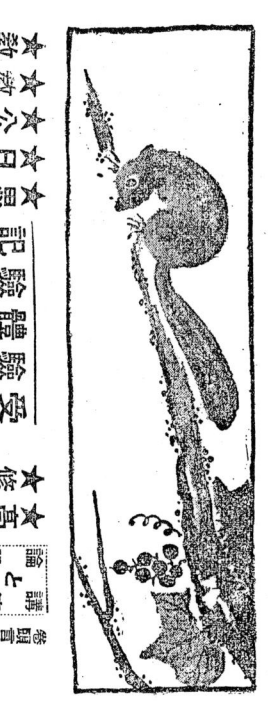

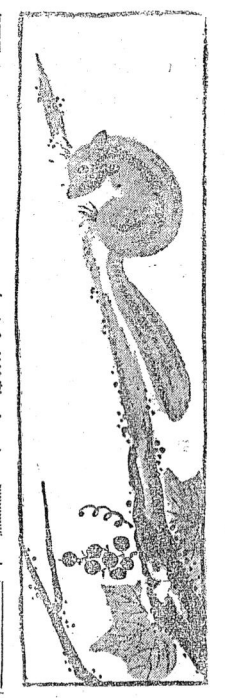

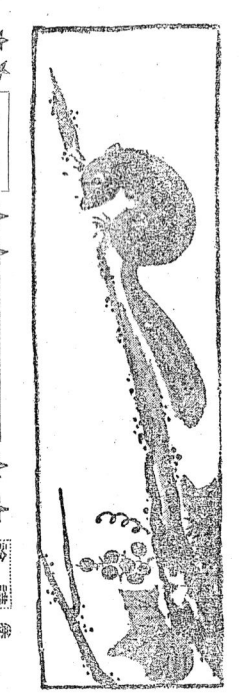

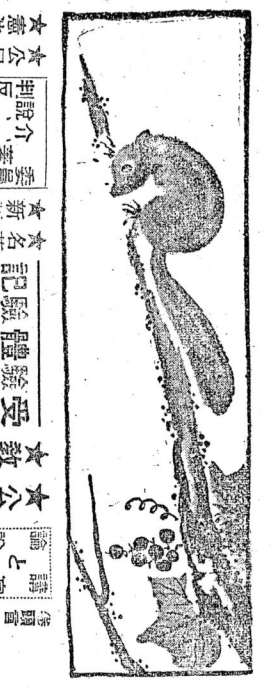

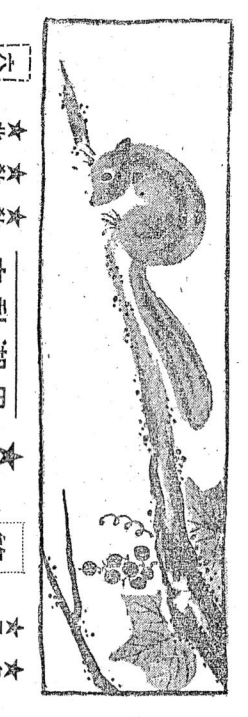
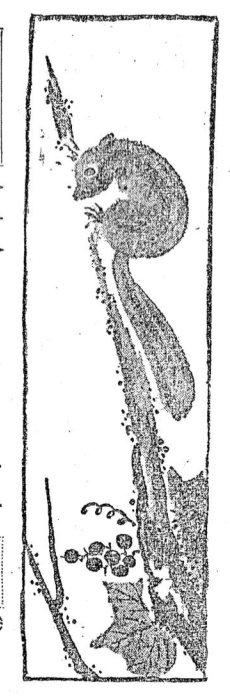

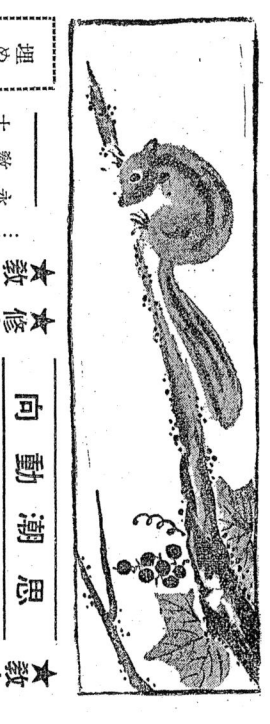

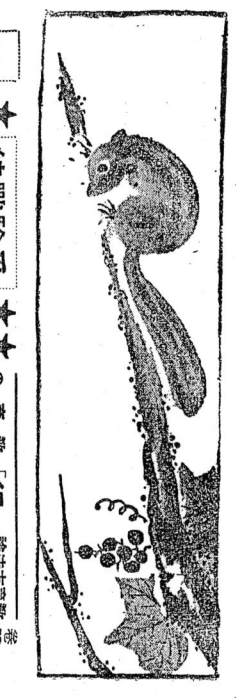

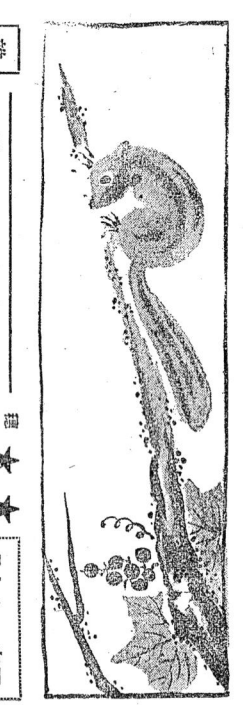

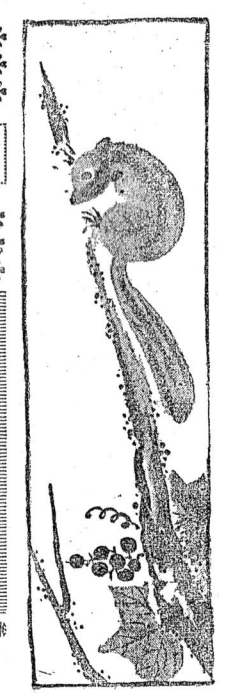

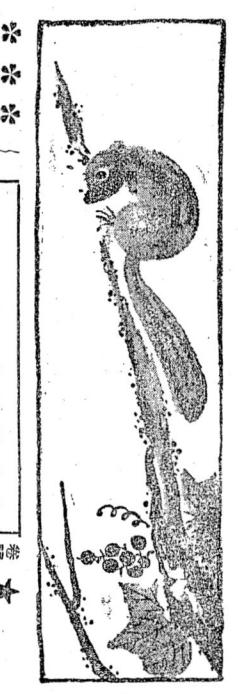

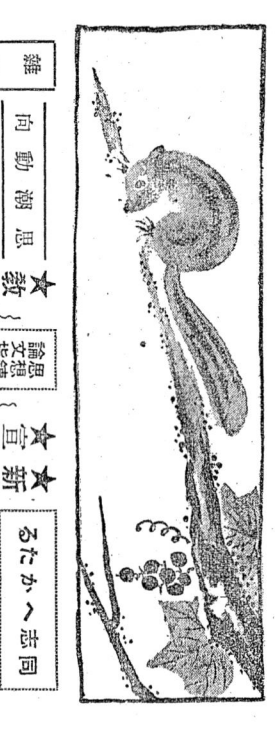

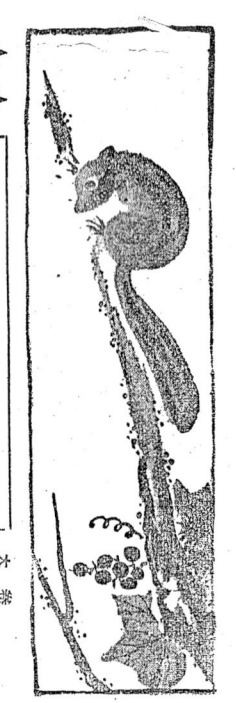

134

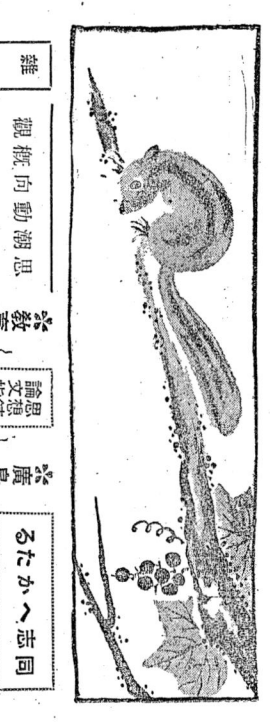

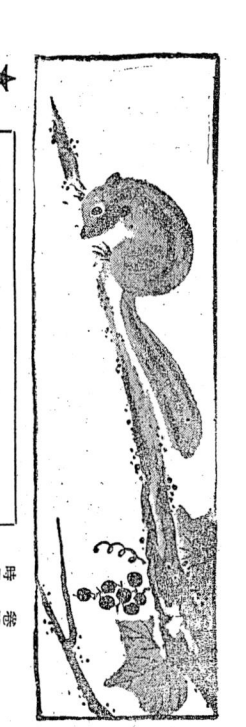

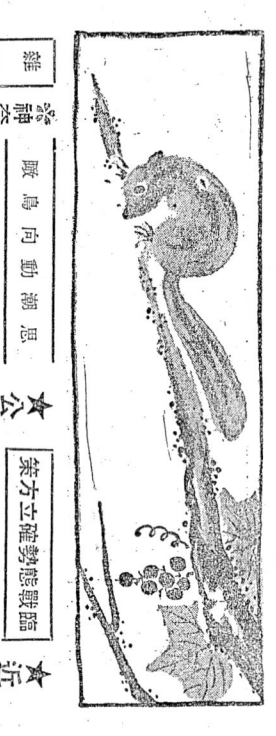

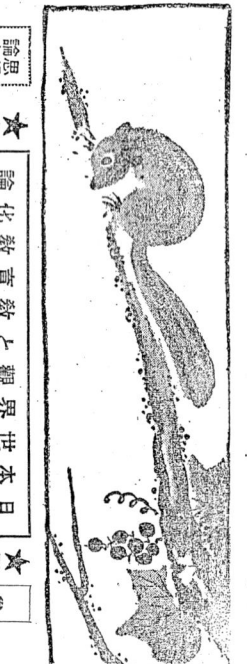

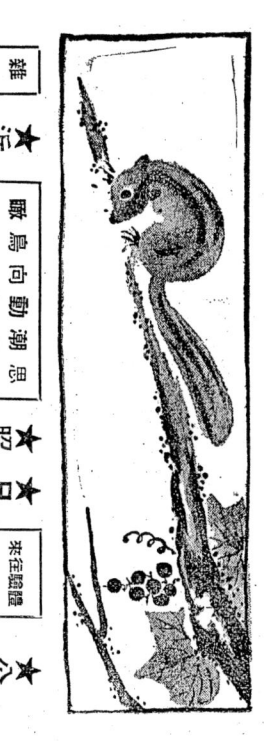

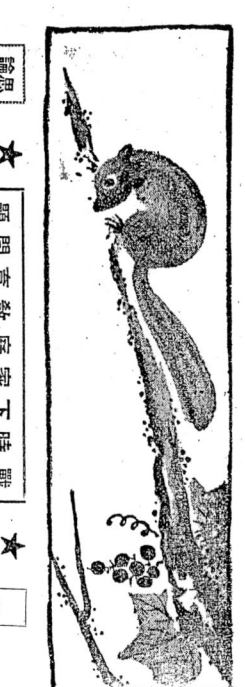

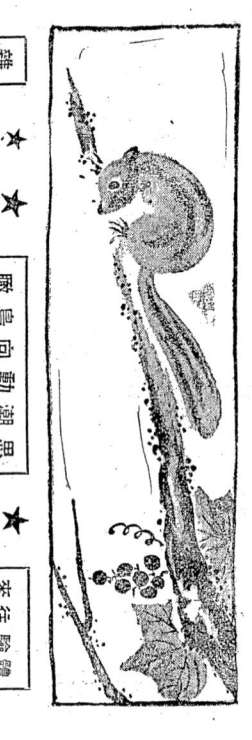
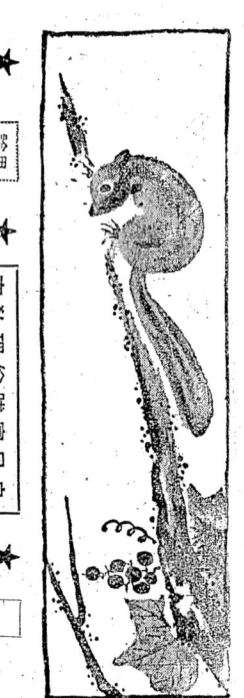

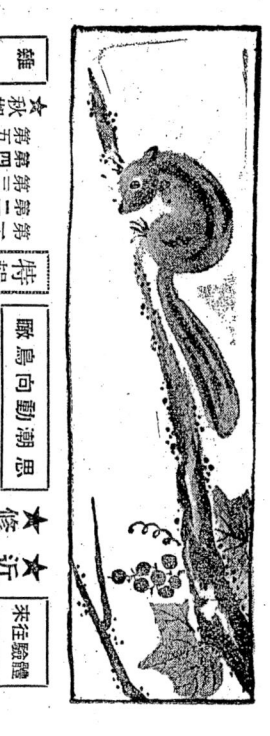

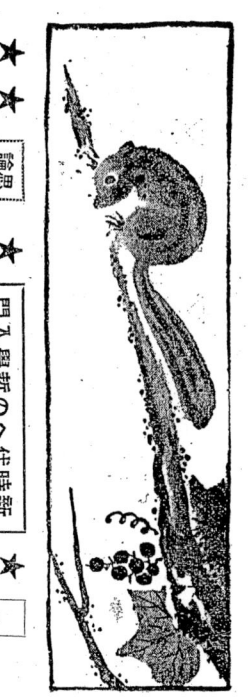

★修身科

★近時思潮動向瞭鳥

★未往験體

修身科試驗問題解答
昭和七年 修身科試驗問題と解答
昭和十六年 高師入學試驗問題
高文 修身科試驗問題

哲學概說科の組織的研究
法文 大東亞戰爭下に於ける修身科教育の新建設
帝大 教材の要點把握の要領と指導
本年度身修科學年別教材配當表
公民皇道哲學の研究

雑纂
本期修身公民科參考書目
論題修身公民科試驗問題集
雜纂修身公民科受驗參考資料

★教育公民科研究

教育科連續講座
昭和十七年度 私法論要
憲法論要
公民教育身修論論文
公民科民身修論論文

豫備試驗問題研究座談會
編輯後記

★門入學哲の～代時新

新時代新哲學入門
現代し新哲學への形態
哲學への性格と國民道學
正七主義の哲學
民主義國家の哲學

教育時代化と名所歷訪
論思文指導鍊成

139

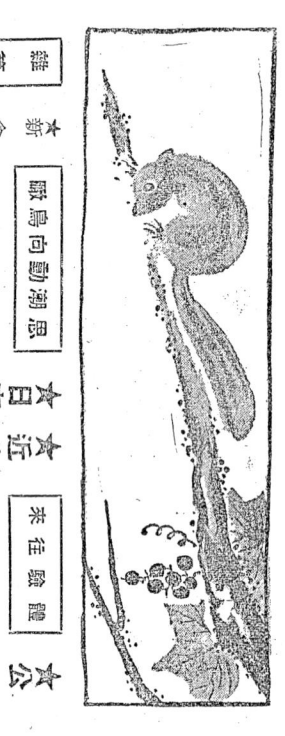

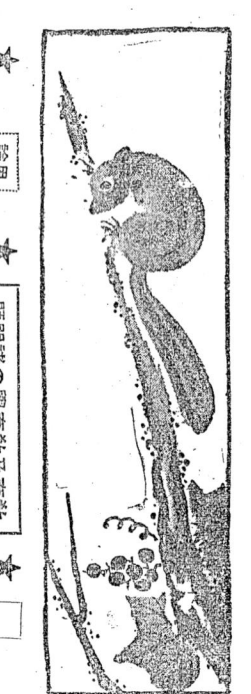

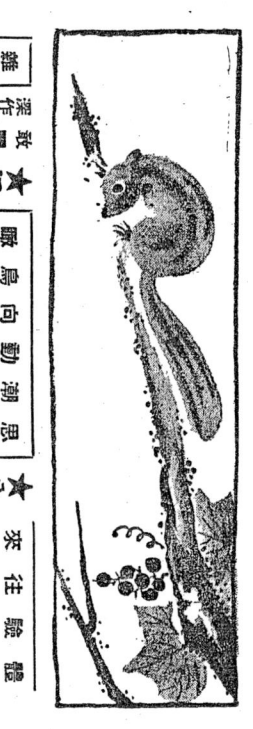

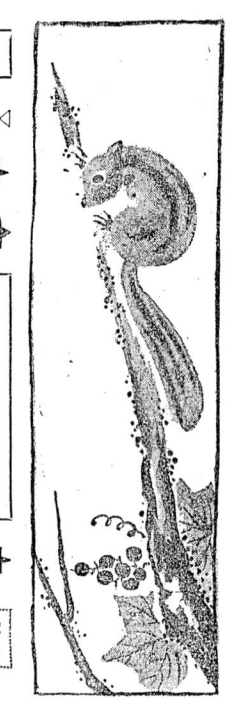

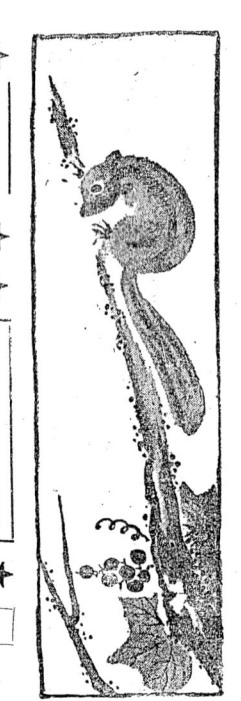

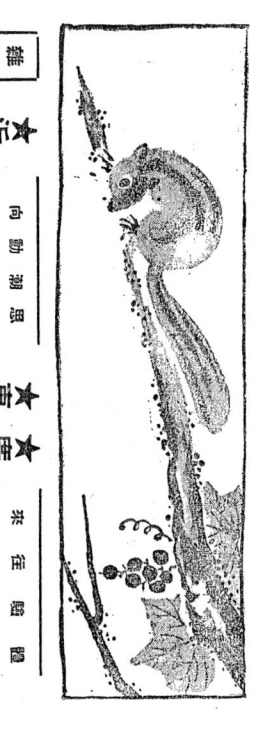

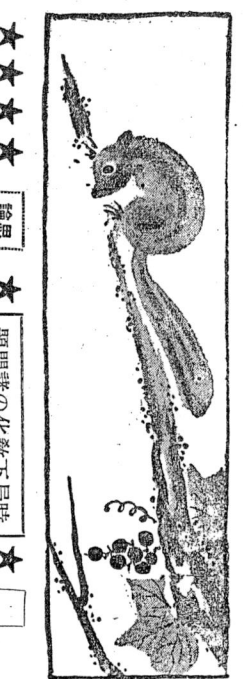

日本的鍊成教育方法研究目次

（教学研究所臨時増刊民刊研究号）
十二月臨時増刊号

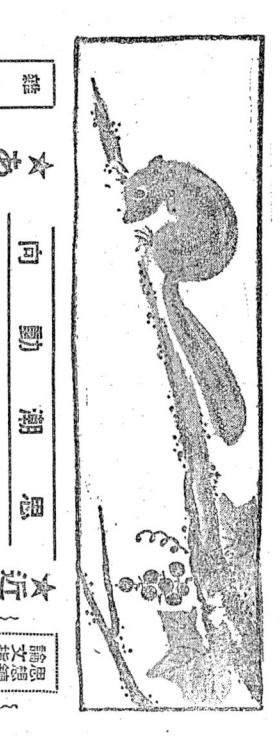
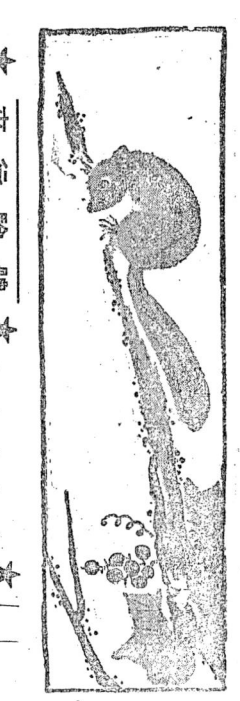
145

教育修身公民研究

六月號

昭和六年六月四日第三種郵便物認可（毎月一回一日發行）
昭和十八年五月廿五日印刷納本　昭和十八年六月一日發行
（第一五二號）

五月號　（第十三年百五十一號）　目次

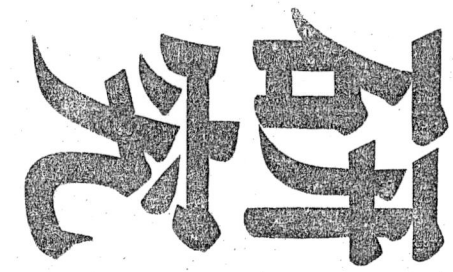

民族と教育研究

六月末號

民族と教育研究

七月號

民族身体教育研究

十月號

民族身体教育研究

九月號

民衆身體敎育研究

十二月號

—特輯青少年青と青敎中鄕—

第五八號

民衆身體敎育研究

十一月號

—決戰青少年青敎育目次—

第五七號

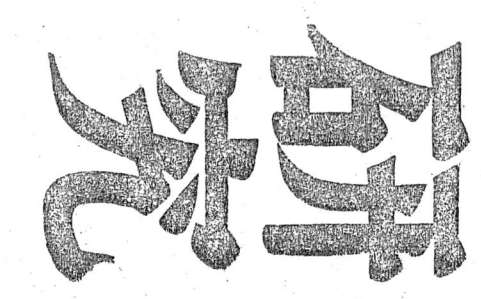

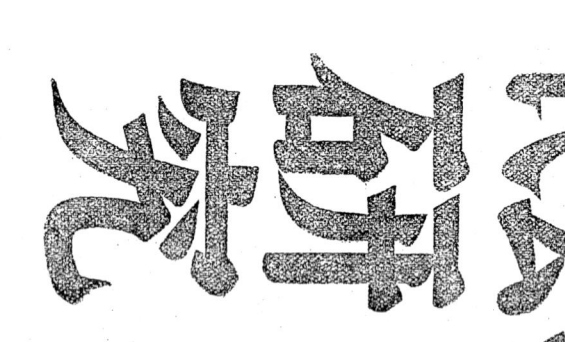

解説執筆者紹介

竹中暉雄（たけなか・てるお）

一九四三年　京都市生まれ

現　在　桃山学院大学名誉教授

主な著書

『ヘルバルト主義教育学——その政治的役割』勁草書房、一九八七年。

『御雇教師ハウスクネヒトの研究』（寺崎昌男・樺松かほるとの共著）東京大学出版会、一九九一年。

『囲われた学校——一九〇〇年　近代日本教育史論』勁草書房、一九九四年。

『エーデルヴァイス海賊団——ナチズム下の反抗少年グループ』勁草書房、一九九八年。

『明治五年「学制」——通説の再検討』ナカニシヤ出版、二〇一三年。

『教育修身研究』解説・総目次

２０１８年３月25日　第１刷発行

定価（本体２，０００円＋税）

ISBN 978-4-8350-8201-1

解　説　竹中暉雄

発行者　小林淳子

発行所　不二出版 株式会社

東京都文京区水道２−１０−１０

電話　03（5981）6704

FAX　03（5981）6705

振替　00160-2-94084

組版／昴印刷　印刷・製本／栄光

©2018

〈復刻版と原本の対照表〉

復刻版	原本号数	発行年月
第 1 巻	第 3・4・7・10・16 〜 19 号	昭和 6 年 6 月〜 7 年 10 月
第 2 巻	第 20 〜 22・24・26 〜 29 号	昭和 7 年 11 月〜 8 年 8 月
第 3 巻	第 30 〜 35 号	昭和 8 年 9 月〜 9 年 2 月
第 4 巻	第 36 〜 41 号	昭和 9 年 3 月〜 8 月
第 5 巻	第 42 〜 49 号	昭和 9 年 9 月〜 10 年 4 月
第 6 巻	第 50 〜 56 号	昭和 10 年 5 月〜 11 月
第 7 巻	第 57 〜 63 号	昭和 10 年 12 月〜 11 年 6 月
第 8 巻	第 64 〜 70 号	昭和 11 年 7 月〜 12 年 2 月
第 9 巻	第 71 〜 77 号	昭和 12 年 3 月〜 9 月
第 10 巻	第 78 〜 84 号	昭和 12 年 10 月〜 13 年 4 月
第 11 巻	第 85 〜 91 号	昭和 13 年 5 月〜 11 月
第 12 巻	第 93 〜 99 号	昭和 13 年 12 月〜 14 年 5 月
第 13 巻	第 100 〜 106 号	昭和 14 年 6 月〜 11 月
第 14 巻	第 107 〜 113 号	昭和 14 年 12 月〜 15 年 6 月
第 15 巻	第 114 〜 120 号	昭和 15 年 7 月〜 12 月
第 16 巻	第 121 〜 126 号	昭和 16 年 1 月〜 6 月
第 17 巻	第 127 〜 133 号	昭和 16 年 6 月〜 12 月
第 18 巻	第 134 〜 140 号	昭和 17 年 1 月〜 7 月
第 19 巻	第 141 〜 149 号	昭和 17 年 8 月〜 18 年 3 月
第 20 巻	第 150 〜 160 号	昭和 18 年 4 月〜 19 年 3 月

※第 132 号より『教育修身公民研究』に改題。

※第 1、2、5、6、8、9、11 〜 15、23、25、92 号は未見。